不動産の
取得・賃貸・譲渡・承継の
消費税実務

税理士 熊王 征秀

清文社

発刊にあたって

　令和の到来とともに、消費税はついに二桁税率の時代となりました。令和元年10月からの10％への増税とともに軽減税率制度が導入されたことに加え、令和5年10月からは適格請求書等保存方式（日本型インボイス制度）が実施されます。

　このように、消費税法の根幹に関わる重大な改正が着々と実現する一方で、消費税の還付請求に関する納税者と課税庁のいたちごっこは資産税顔負けの様相を呈しています。

　平成22年度改正法による「旧3年縛り」と平成28年度改正による「新3年縛り」が併存することによる実務上の混乱に加え、特定期間中の課税売上高による納税義務判定（平成23年度改正）と特定新規設立法人の納税義務免除の特例制度（社会保障・税一体改革法）の創設により、新設された法人の納税義務判定は、ジグソーパズルのように複雑怪奇なものへと変化してしまいました。

　実務の現場では、現住建造物を販売した場合の課税仕入れの用途区分に関する税務訴訟やサブリース契約に関する問題点など、とりわけ不動産に関するトラブルが勃発しているのが現状です。こういった実情を踏まえ、令和2年度改正では、居住用賃貸建物に対する仕入税額控除の制限や、非課税となる住宅の貸付けの範囲の実質判定など、不動産に関係する重要な改正がありました。

　建物の取得費は、相対的にその金額が大きくなることから、消費税の税額計算に多大なる影響があります。居住用の賃貸物件であれば、その取得費は仕入税額控除ができない反面、貸店舗などの商業用の物件であれば取得費の全額が仕入税額控除の対象となり、結果として消費税が還付されることも決して珍しいことではありません。

　こういった実情を踏まえ、本書では、まず第1部で「取得」、「賃貸」、「譲渡」、「承継」のカテゴリーごとに、不動産取引の実務上のポイントを整理することにしました。また、第1部の内容をフォローする目的で、第2部では、不動産取引に影響の大きい「特例選択（不適用）届出書」、「会計処理」、「納税義務判定」についての解説を試みています。

　本書が、不動産実務に携わる税理士や公認会計士などの職業会計人のお役に立つことができれば幸甚です。

　令和2年9月

税理士　熊王　征秀

CONTENTS 目次

第1部 不動産取引と消費税実務

第1章 取得　2

Ⅰ　不動産取引と仕入税額控除　2

1　個別対応方式と課税仕入れの用途区分　4
- 1｜本社ビルと店舗の建築費　4
- 2｜広告宣伝費　6
- 3｜福利厚生施設の建築費　6
- 4｜土地の売買に伴う仲介手数料、土地造成費　7
- 5｜用途区分の判定時期　7

2　一括比例配分方式　8
- ■一括比例配分方式の継続適用義務　9

3　未経過固定資産税等の取扱い　10
- ■名義変更が遅れた場合の取扱い　11

4　建設仮勘定　11

5　建設業の外注費　13
- ■出来高検収書の取扱い　14

6　個人事業者の家事共用資産　15

7　共有物件　15

8　交換　17

9　資産の譲渡等に類する行為　19
- 1｜代物弁済　19
- 2｜負担付き贈与　20
- 3｜現物出資　21

10　対価未確定　21

Ⅱ　高額特定資産を取得した場合の特例（平成28年度改正）　22

1　「3年縛り」の狙いとは？　22

2　高額特定資産を取得した場合の特例制度とは？　23

3　22年度改正法と28年度改正法（高額特定資産の特例）との関係　29
- ■届出書が無効とされるケース　34

Ⅲ　居住用賃貸建物に対する仕入税額控除の制限（令和2年度改正）　36

1　金の売買を利用した還付スキーム　36
- 1｜物件取得時の還付スキーム　36
- 2｜課税売上割合の変動による取戻し課税を回避するためのスキーム　37

2　居住用賃貸建物と仕入税額控除の制限　37
- 1｜居住用賃貸建物とは？　37
- 2｜居住用賃貸建物の判定時期　38
- 3｜仕入税額控除の制限　38
- 4｜自己建設高額特定資産の取扱い　38

3	建物の取得価額	39
1	店舗兼用賃貸住宅などの取扱い	39
2	資本的支出	41
4	調整税額の計算	42
1	調整税額の計算方法	42
2	居住用賃貸建物を合理的に区分した場合	43
3	自己建設高額特定資産の取扱い	44
4	課税賃貸用の意義	44
5	課税業務用に転用した場合の取扱い	44
6	中途で売却した場合の取扱い	45
5	計算例	45
6	改正法の効果	46
7	適用時期	46

Ⅳ 高額特定資産に該当する棚卸資産に対する3年縛りの適用（令和2年度改正） 47

1	棚卸資産の税額調整	47
1	免税事業者が課税事業者になった場合の期首棚卸資産の税額調整	47
2	課税事業者が免税事業者になる場合の期末棚卸資産の税額調整	48
2	適用時期	49
3	調整対象自己建設高額資産の取扱い	50
1	拘束期間	50
2	3年縛りとの関係	51
4	居住用賃貸建物との関係	53

Ⅴ 免税事業者の消費税還付請求手続 54

1	課税事業者の選択	55
2	課税期間の短縮	59
3	棚卸資産の税額調整	61

Ⅵ 課税事業者の消費税還付請求手続 63

Ⅶ 新設法人の消費税還付請求手続 65

第2章 賃貸 76

Ⅰ 不動産賃貸と非課税取引 76

1	土地に関する取引	76
1	借地権の更新料と名義書換料	76
2	鉱業権などの取扱い	77
3	貸付期間は契約により判断する！	77
4	施設貸付けに関する取扱い	78

	2	住宅の貸付け	………………………………………	79
		1 │ 非課税となる住宅の貸付けとは？	………………………	79
		2 │ 附属設備の取扱い	…………………………………	80
		3 │ 下宿と下宿営業	……………………………………	83
		4 │ 店舗兼用住宅の取扱い	……………………………	83
		5 │ 食事代などの取扱い	………………………………	84
		6 │ 用途変更	……………………………………………	84

Ⅱ　令和2年度消費税改正　　85

1	サブリース契約の問題点	……………………………………	85
2	改正法の内容	…………………………………………………	86
	1 │ 改正法令通達の内容	………………………………	86
	2 │ 「契約」と「把握」	…………………………………	88
	3 │ 改正消費税法基本通達の疑問点	…………………	89
3	改正の狙いと適用時期	………………………………………	91

Ⅲ　不動産賃貸と消費税実務　　91

1	家賃収入の計上時期	…………………………………………	91
2	保証金償却	……………………………………………………	92
3	解約金と遅延損害賠償金	……………………………………	93
4	フリーレント契約	……………………………………………	95
5	原状回復費用	…………………………………………………	97
6	親族間の取引	…………………………………………………	97
	1 │ 親族間における建物の賃貸借	……………………	97
	2 │ 親族間における土地(敷地)の使用貸借	…………	98
	3 │ 親族間における賃貸物件(建物)の使用貸借	……	98

Ⅳ　経費　　99

1	立退料	…………………………………………………………	99
2	マンション管理費と修繕積立金	……………………………	100

Ⅴ　簡易課税制度の活用　　101

Ⅵ　固定資産に関する税額調整　　102

1	税額調整の対象となる調整対象固定資産	…………………	103
	1 │ 調整対象固定資産の範囲	…………………………	103
	2 │ 調整対象固定資産の取得価額	……………………	103
	3 │ 共有物の取扱い	……………………………………	103
	4 │ 資本的支出	…………………………………………	104
2	調整対象固定資産を転用した場合の税額調整	……………	104
	1 │ 概要	…………………………………………………	104
	2 │ 適用要件	……………………………………………	105
	3 │ 免税事業者となった課税期間等が含まれている場合	……	106

	4	個人事業者の取扱い	107
	5	居住用賃貸建物を転用した場合の取扱い	107
3	課税売上割合が著しく増加した場合の税額調整		107
	1	適用要件	108
	2	調整税額の計算方法	109
4	課税売上割合が著しく減少した場合の税額調整		110
	1	適用要件	111
	2	調整税額の計算方法	111
	3	計算上の留意点	112
	4	計算例	112
5	適用除外となるケース		113
6	第3年度の課税期間		114
	1	新設法人などの留意点	114
	2	通算課税期間に免税期間等が含まれている場合	114
	3	課税期間を短縮している場合	115

第3章 譲渡 116

Ⅰ 譲渡対価の額 116

1	課税資産と非課税資産の一括譲渡		116
	1	土地と建物を一括譲渡した場合の区分の方法	117
	2	契約書に記載された消費税額等の取扱いは？	117
2	固定資産税等の精算金の取扱い		118
	■名義変更が遅れた場合の取扱い		119
3	収用		119
4	家事共用資産の譲渡		119
5	共有物件		120
6	交換		120
7	資産の譲渡等に類する行為		123
	1	代物弁済	123
	2	負担付き贈与	124
	3	現物出資	124
8	対価未確定		125
9	みなし譲渡		125
10	低額譲渡		126

Ⅱ 譲渡所得と経理方式 128

Ⅲ たまたま土地を譲渡した場合の課税売上割合に準ずる割合の活用 129

| 1 | 課税売上割合に準ずる割合とは？ | | 129 |
| | ■申請書（届出書）の提出時期 | | 130 |

2	たまたま土地の譲渡があった場合	134
1	要件	135
2	計算方法	135

第4章 承継 139

I 相続・合併・分割による不動産の承継 139

1	棚卸資産の税額調整	139
1	相続人が年の中途から課税事業者になる場合の取扱い	140
2	相続人が課税事業者で、被相続人が免税事業者の場合の取扱い	141
2	調整対象固定資産に関する税額調整	142

II 現物出資・事後設立による会社分割 144

1	現物出資	144
2	事後設立	144

III 営業譲渡 145

1	のれん(営業権)が発生する場合	145
2	「負ののれん」が発生する場合	146
■	譲受者の処理	147

IV 法人成り 148

1	法人成りの注意点	148
2	廃業＝みなし課税？	148

第2部 不動産の消費税実務における重要項目の再確認

第1章 特例選択(不適用)届出書の効力 152

I 課税事業者選択(不適用)届出書 152

1	課税事業者選択届出書	152
1	届出書の効力発生時期	152
2	宥恕規定	153
2	課税事業者選択不適用届出書	156
1	届出書の効力発生時期	156
2	宥恕規定	156
3	新規開業(設立)などの場合の適用時期	158
■	2年以上休業した場合の適用時期	158
4	課税事業者を選択した場合の拘束期間	158
■	新規開業の場合の拘束期間	159
5	課税選択期間中に固定資産を取得した場合の取扱い	160
■	届出書が無効とされるケース	161

		6 特例選択届出書はあらためて提出しなければなりません！ ……… 161

Ⅱ 簡易課税制度選択(不適用)届出書　　162

1 簡易課税制度選択届出書 ……………………………………………… 162
　　1 | 届出書の効力発生時期 …………………………………………… 162
　　2 | 納税義務判定と簡易課税制度の適用判定との関係 …………… 163
　　3 | 宥恕規定 …………………………………………………………… 164
2 簡易課税制度選択不適用届出書 ……………………………………… 167
　　1 | 届出書の効力発生時期 …………………………………………… 167
　　2 | 宥恕規定 …………………………………………………………… 167
3 納税義務の免除と簡易課税制度選択届出書の関係 ………………… 167
4 本則課税と簡易課税制度選択不適用届出書の関係 ………………… 169
5 新規開業(設立)などの場合の適用時期 …………………………… 169
　　1 | 課税事業者となる新設法人 ……………………………………… 169
　　2 | 2期目から簡易課税を選択する場合 ………………………… 169
6 簡易課税を選択した場合の拘束期間 ………………………………… 170
　　■新設法人は3期目まで拘束されます！ …………………………… 171
7 届出書が無効とされるケース ………………………………………… 172
8 届出書の提出はきっちりと！ ………………………………………… 173

Ⅲ 課税期間特例選択・変更(不適用)届出書　　173

1 課税期間の短縮制度とは？ …………………………………………… 173
2 課税期間特例選択・変更届出書 ……………………………………… 174
3 課税期間特例選択不適用届出書 ……………………………………… 177

第2章 会計処理と控除対象外消費税　　179

Ⅰ 混合方式　　179

Ⅱ 年又は事業年度の中途からの経理方法の変更　　180

Ⅲ 控除対象外消費税の処理方法　　180

第3章 消費税の納税義務者と納税義務の判定　　182

Ⅰ 開業と法人成り　　182

1 新規開業の個人事業者 ………………………………………………… 182
2 新設の法人 ……………………………………………………………… 183
3 法人成り ………………………………………………………………… 183

Ⅱ 特定期間中の課税売上高による納税義務の判定(平成23年度改正)184

1 制度の内容 ……………………………………………………………… 184

	2	法人の特定期間	184
	1	月の中途で設立した法人の取扱い	184
	2	月の中途が決算日の法人を設立した場合の取扱い	185
	3	設立事業年度が7か月以下の場合	186

Ⅲ 相続があった場合の納税義務の免除の特例　190

1	相続があった年の取扱い	190
2	相続があった年の翌年及び翌々年の取扱い	190
3	分割承継	191
4	共有相続	192
5	財産が未分割の場合	192
6	遺産分割が確定した場合	193
7	生前の事業承継	194

Ⅳ 合併があった場合の納税義務の免除の特例　194

1	吸収合併があった場合の納税義務の判定	194
2	新設合併があった場合の納税義務の判定	195

Ⅴ 会社分割等があった場合の納税義務の免除の特例　196

1	新設分割等があった場合の納税義務の判定	196
2	吸収分割があった場合の納税義務の判定	197

Ⅵ 新設法人の特例　199

1	制度の内容	199
2	期中に増資を行った場合にはどうなるか？	199
3	期中に減資を行った場合にはどうなるか？	199

Ⅶ 特定新規設立法人の納税義務の免除の特例　203

1	制度の内容	203
2	適用要件	204
	1	大規模事業者等による支配要件（特定要件）	204
	2	大規模事業者等とは	204
	3	同意者の取扱い	205
	4	情報提供義務	205
	5	その他の注意事項	205
3	ケーススタディ	205
	1	直接に支配するケース	205
	2	特殊関係法人の課税売上高が5億円を超えるケース	206
	3	子会社を介在させて支配するケース	206
	4	間接に支配するケース	206
	5	個人株主が支配するケース	207
	6	他の者(甲)が別生計親族等と共に大規模法人の株式を保有するケース	207

凡　例

本書において、カッコ内における法令等については、次の略称を使用しています。

【法令名略称】

消法	消費税法
消令	消費税法施行令
消基通	消費税法基本通達
法法	法人税法
法令	法人税法施行令
所法	所得税法
所令	所得税法施行令
所基通	所得税基本通達

＜記載例＞

改消法30⑩	改正消費税法第30条第10項
令和2年改正法附則	令和2年改正消費税法附則
消基通11-2-19	消費税法基本通達11-2-19

※本書の内容は、令和2年8月1日現在の法令等に依っています。

第1部

不動産取引と
消費税実務

第1章 取得

不動産を取得する場合、その利用目的としては、次の3つが想定されます。

① 販売用の棚卸資産として取得する場合

② 店舗や事務所、工場など事業用として使用するために取得する場合

③ 賃貸物件として取得する場合

土地の取得費は非課税ですので仕入税額控除はできません。ただし、土地の取得に伴い支払う仲介手数料や土地造成費には消費税が課税されていますので、その土地の利用目的によっては仕入税額控除の対象となることもあるのです。

建物の取得費は、相対的にその金額が大きくなることから消費税の税額計算に多大なる影響があります。居住用の賃貸物件であれば、その取得費は仕入税額控除ができない反面、貸店舗などの商業用の物件であれば取得費の全額が仕入税額控除の対象となり、結果として消費税が還付されることも決して珍しいことではありません。

本章では、不動産を取得した場合の消費税実務について、仕入税額控除（還付）に関する取扱いや留意点を確認していきます。また、令和2年度改正で創設された「居住用賃貸建物に対する仕入税額控除の制限」と「高額特定資産に該当する棚卸資産に対する3年縛りの適用」について、実務上のポイントを整理します。

I 不動産取引と仕入税額控除

仕入控除税額の計算は、当課税期間中の課税売上高が5億円以下か5億円を超えるかにより取扱いが異なります。課税売上高が5億円を超える場合、あるいは5億円以下でも課税売上割合が95％未満の場合には、個別対応方式か一括比例配分方式により課税仕入れ等の税額をあん分計算する必要があります。

また、調整対象固定資産や棚卸資産に関する税額調整が必要となるケースもあるので注意が必要です。

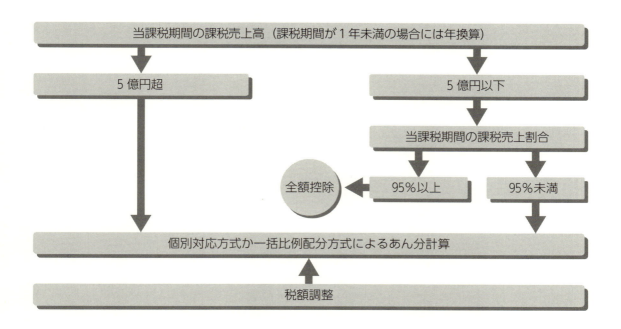

＊区分欄：課税仕入れとなるものは「○」・ならないものは「×」で表示

内容		区分
土地、借地権の購入費		×
建物、建物附属設備、構築物の購入費		○
土地や建物の購入に伴い不動産業者に支払う仲介手数料	土地の購入に伴う手数料	○
	建物の購入に伴う手数料	○
	土地付き建物の購入に伴う手数料	○
土地の造成費用		○
借地権の更新料		×
借地権の名義書換料		×
建物などを自己建設する場合	材料費、外注費など	○
	労務費などの人件費	×
中古物件の取得に伴う未経過固定資産税等の精算金	土地の精算金	×
	建物の精算金	○
取得した中古物件の取り壊し費用		○
現住建造物を購入した後で入居者を立ち退かせるために支払った立退料		×
司法書士に支払う登記費用	土地建物の登記費用（登録免許税）	×
	司法書士の報酬	○
不動産取得税		×

　土地の取得費は非課税ですので仕入税額控除はできません。ただし、土地の取得に伴い支払う仲介手数料や土地造成費には消費税が課税されていますので、その土地の利用目的によっては仕入税額控除の対象となることもあります。このほかにも、中古物件を売買した場合の固定資産税の精算金や不動産取得税、司法書士に支払う手数料など、実務の現場では不動産取引に

絡む金銭には、消費税が課税されているものといないものが混在していますので、まずはこれらの課税区分を理解しておくことが重要です。

1 個別対応方式と課税仕入れの用途区分

　個別対応方式により仕入控除税額を計算する場合には、課税仕入れ等の税額をその用途に応じて下図の①～③のように区分します。そのうえで、①の課税売上対応分は全額を控除し、③の共通対応分は課税売上割合を乗じた分だけ区分するという計算方法です。
　個別対応方式を適用する限り、②の非課税売上対応分はいっさい控除することはできません（消法30②一）。

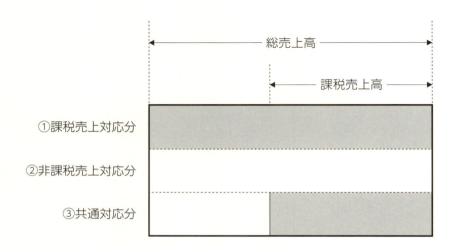

控除対象仕入税額＝①＋③×課税売上割合

　個別対応方式を適用する場合の課税仕入れの用途区分ですが、これは単純に勘定科目により判断することはできません。不動産取引における用途区分の具体例について、ケース別に確認してみたいと思います。

1 ◆ 本社ビルと店舗の建築費
■本社ビルと店舗を取得した場合の用途区分
　電化製品の販売業を営む法人が、業務の拡大に伴い、本社ビルと販売店舗を新たに取得した場合には、販売店舗の取得費は製品売上高と紐付きになるので課税売上対応分に区分することができます。ただし、本社ビルの取得費は会社の営業活動全般に関係するものであり、製品売上高と紐付きの関係にはないことから、共通対応分に区分することになります。

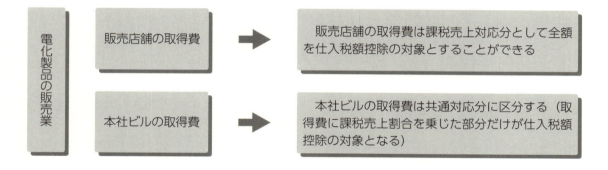

■本社兼用賃貸ビルを取得した場合の用途区分

　商業用ビルを取得し、1階の一部分（総床面積の10％）を本社として使用するとともに他の部分は店舗又は事務所として賃貸する場合には、個別対応方式の適用にあたり、このビルの取得費は共通対応分に区分することになります。

　ところで、課税仕入れのうち共通対応分については、消費税法基本通達11－2－19（共通用の課税仕入れ等を合理的な基準により区分した場合）の取扱いにより、床面積割合などの合理的な基準を用いて課税売上対応分と非課税売上対応分に区分することが認められています。本通達は、共通用の課税仕入れを合理的に区分することを認める趣旨のものであるから、課税売上対応分と非課税売上対応分に区分する場合だけでなく、課税（非課税）売上対応分と共通対応分に区分することも認められるべきです。したがって、私見ではありますが、消費税法基本通達11－2－19を準用することにより、賃貸部分は課税売上対応分、本社部分は共通対応分に区分して個別対応方式を適用することができるものと思われます。

消基通11－2－19（共通用の課税仕入れ等を合理的な基準により区分した場合）

　課税資産の譲渡等とその他の資産の譲渡等に共通して要するものに該当する課税仕入れ等であっても、例えば、原材料、包装材料、倉庫料、電力料等のように生産実績その他の合理的な基準により課税資産の譲渡等にのみ要するものとその他の資産の譲渡等にのみ要するものとに区分することが可能なものについて当該合理的な基準により区分している場合には、当該区分をしたところにより個別対応方式を適用することとして差し支えない。

Ⅰ　不動産取引と仕入税額控除

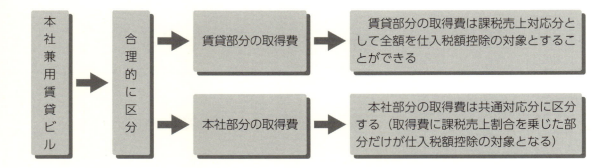

2 ◆ 広告宣伝費

　不動産業者の支出する広告宣伝費の場合、主たる収入に課税のものと非課税のものが混在しているため、その内容に応じて個別に判断する必要があります。

　自らが所有する土地を売るための宣伝であれば、土地の売上げに直接対応するものとして非課税売上対応分に区分されます。

　他者の所有する土地の販売にかかるものであれば、仲介手数料に対応する課税仕入れとして課税売上対応分に区分されるわけです。

　不動産の賃貸であれば、土地や居住用家屋の賃貸募集のためのものであれば非課税売上対応分に、店舗、事務所などの賃貸募集であれば課税売上対応分に区分されるということです。

広告宣伝費の内容		課税仕入れの用途区分
販売促進を目的として支出したもの	土地の売却のため	非課税売上対応分
	分譲住宅の売却のため	共通対応分
賃貸を目的として支出したもの	土地の賃貸・居住用家屋の入居者の募集	非課税売上対応分
	店舗、事務所などのテナントの募集	課税売上対応分
他者物件の販売又は賃貸を目的として支出したもの（当社が仲介を依頼されたケース）		課税売上対応分

3 ◆ 福利厚生施設の建築費

　保養所、レジャー施設などを建築し、従業員に低料金で利用させている場合のその建築費は、従業員から収受する利用料が課税売上げであることから、これと直接対応するものとして課税売上対応分に区分されます。

　これらの施設を従業員に無料で利用させている場合には、売上げと明確な対応関係のないものとして、共通対応分に区分されることになります。

　保養所を借り上げ、福利厚生施設として従業員に利用させている場合には、保養所の賃借料は住宅家賃ではないので消費税が課税されます。この保養所の賃借料も、従業員から利用料を収受する場合には課税売上対応分、無料で開放する場合には共通対応分に区分することになります。

保養所の建築費・賃借料	課税仕入れの用途区分
従業員から利用料を収受する場合	課税売上対応分
従業員に無料で開放する場合	共通対応分

4 ◆ 土地の売買に伴う仲介手数料、土地造成費

　土地を売却する際に支払う仲介手数料や、販売用の土地につき要した土地造成費用は、土地の売上げに直接対応するものとして非課税売上対応分に区分されます。

　注意してほしいのは、土地に関係する課税仕入れだから「非課税売上対応分」ということではないということです。

　その購入した土地を事業者がどのように利用するのか、その利用方法により、土地の購入に要した仲介手数料や造成費の用途区分は決定されるのです。

　なお、課税仕入れの用途区分にあたっては、課税仕入れを行った課税期間中に売上げが発生する必要はありませんので、課税仕入れを行った時あるいは課税期間末における事業者の予定（経営方針）により区分すればよいことになります（消基通11－2－20）。

利用方法	課税仕入れの用途区分
① 販売用の土地の場合	土地の売上高に直接対応するものですから非課税売上対応分に区分されます。
② 購入した土地の上に建物を建て、分譲住宅として販売する場合	土地の売上げと建物の売上げに対応するものですから共通対応分に区分されます。 （注）建物の建築費は建物の売上高に直結するものであり、課税売上対応分に区分できます。
③ 購入した土地の上に建物を建て、賃貸住宅として貸し付ける場合	住宅家賃収入に直接対応するものですから非課税売上対応分に区分されます。 （注）建物の建築費も非課税売上対応分になります。
④ 購入した土地の上に建物を建て、店舗として貸し付ける場合	住宅以外の家賃収入に直接対応するものですから課税売上対応分に区分されます。 （注）建物の建築費も課税売上対応分になります。
⑤ 用途未確定の場合	売上げと明確な対応関係のないものとして共通対応分に区分されます。

（注）　土地の購入費は、「非課税仕入れ」であり、「非課税売上対応分の課税仕入れ」とはまったく異なります！
　　　土地の購入費は何があっても絶対に仕入税額控除の対象とはならないということに注意してください。

5 ◆ 用途区分の判定時期

　用途区分の判定は、課税仕入れ等を行った日の状況によることが原則とされています。

　ただし、課税仕入れ等を行った日においては用途が未確定の場合において、その課税期間の末日までに用途が明らかにされた場合には、その課税期間末の状況により区分することも認められています（消基通11－2－20）。

　なお、課税売上対応分に区分して仕入控除税額を計算した課税期間の翌課税期間以後におい

Ⅰ　不動産取引と仕入税額控除　　7

て、その当初の用途が変更になったとしても、前課税期間以前にさかのぼって修正申告をする必要はありません。

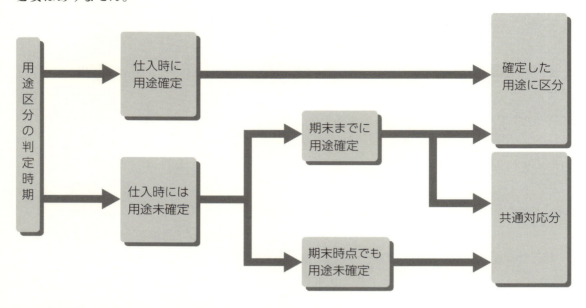

> **具体例** 翌課税期間に用途変更した場合の取扱い
>
> 　購入した土地の上に建物を建て、店舗として貸付ける予定の場合には、土地の購入に伴い支払った仲介手数料は課税売上対応分に区分することができます。
> 　翌課税期間において、建築許可申請が認められなかったことから計画を変更し、最終的に更地のまま売却した場合であっても、前課税期間の用途区分を非課税売上対応分に区分して修正申告をする必要はありません。

2　一括比例配分方式

　個別対応方式を適用する場合には、課税仕入れ等の税額を、その用途に応じて「①課税売上対応分、②非課税売上対応分、③共通対応分」の3つに区分する必要があります。そこで、用途区分が困難な事業者に対する簡便計算として一括比例配分方式による計算を認めることとしています。

　一括比例配分方式とは、課税仕入れ等の税額にまとめて課税売上割合を乗ずる方法です。したがって、一括比例配分方式を適用する場合には、①の課税売上対応分は課税売上割合分しか控除できない半面、②の非課税売上対応分でも課税売上割合分だけ控除できることになります（消法30②二）。

　課税仕入れ等の用途区分ができる場合であっても一括比例配分方式を適用することは問題ありません。よって、実務上は個別対応方式と一括比例配分方式を比較して、いずれか有利な方法を採用することができます（消法30④）。

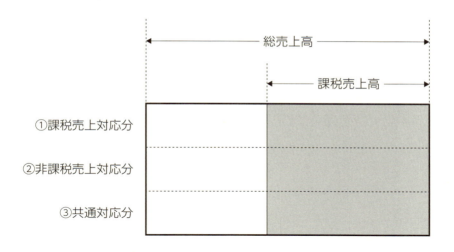

控除対象仕入税額＝(①＋②＋③)×課税売上割合

一括比例配分方式の継続適用義務

　一括比例配分方式を採用した場合には、その採用した課税期間の初日から２年間の間に開始する課税期間中は、一括比例配分方式の継続適用が義務づけられています（消法30⑤）。

　つまり、課税期間が１年サイクルの場合には、２年間は個別対応方式への変更ができないということです。

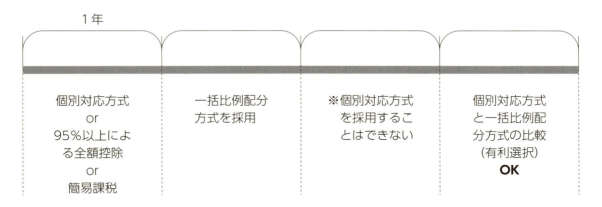

　計算が簡単だからという理由だけで、安易に一括比例配分方式を採用したりすると、思わぬ失敗をすることがありますので注意が必要です。

　また、一括比例配分方式を採用して消費税の確定申告をした後で、計算方法を個別対応方式に変更して更正の請求をするようなことは当然に認められません（消基通15－２－７（注））。

　ただし、一括比例配分方式を採用した課税期間の翌課税期間において課税売上割合が95％以上となったことにより、課税仕入れ等の税額の全額が控除された場合には、その翌課税期間においては、個別対応方式と一括比例配分方式の有利選択は可能となります（消基通11－２－21）。

Ⅰ　不動産取引と仕入税額控除　9

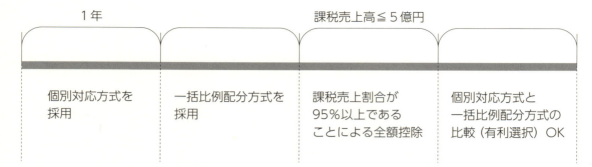

　また、新設法人や決算期を変更した法人は、継続適用期間が２年を超えることもあるので注意が必要です。

| 具体例 | 新設法人の継続適用義務 |

　10月１日に設立した資本金1,000万円の12月決算法人が、第１期（設立事業年度）から一括比例配分方式を採用した場合には、一括比例配分方式を採用した課税期間の初日（10月１日）から２年を経過する日（３期目の９月30日）までの間に開始する各課税期間（第１期〜第３期）において、一括比例配分方式が強制適用となります。

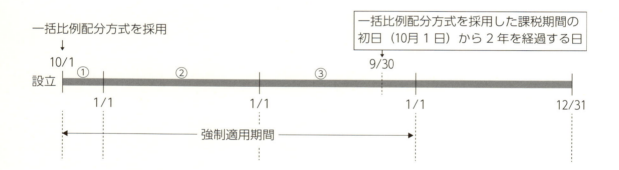

3　未経過固定資産税等の取扱い（消基通10－1－6）

　固定資産税や都市計画税は、その年１月１日時点の所有者に対して１年分の税金が課税されます。そこで、年の中途に不動産を売却したような場合には、売却日から年末までの期間は購入者の所有期間となることから、この未経過期間分の固定資産税を購入者に請求することが慣習となっています。

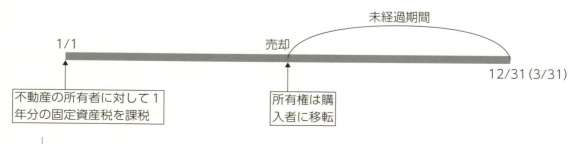

注意したいのは、未経過固定資産税等は必ず精算しなければいけないものではない、ということです。

購入者との間で精算された固定資産税等については、購入者がこれを納税するものではなく、固定資産税等を精算するということは、あくまでも値段の決め方の一手法に過ぎないのであり、精算金は売買代金の一部分として認識しなければならないのです。

結果、建物の精算金は課税仕入（売上）高、土地の精算金は、非課税仕入（売上）高として処理することになります。

名義変更が遅れた場合の取扱い

固定資産税や都市計画税は、その年1月1日時点の所有者に対して1年分の税金が課税されますので、年内に売買は成立しているものの、名義変更（所有権移転登記）が年明けにずれこんでしまったようなケースでは、売買の年の翌年（度）分の固定資産税等についても売手に納税通知書が送付されることになります。

この場合に精算される固定資産税等は、1月1日時点での本来の所有者である購入者が負担すべきものであり、事実上の立替金に相当するものとして、売買した不動産の対価の額には含めなくてよいこととしています。

4　建設仮勘定

建物の建築を依頼し、建物の完成前に支払った手付金や中間金については次のように会計処理をします。

（借方）建設仮勘定　　×××　（貸方）現預金　　　×××

この時点では、建物の引渡しはまだ行われていませんので、仕入税額控除もできません。つまり、「建設仮勘定＝前払金」と考えなければいけないということです。

後に建物が完成し、引渡しを受けた時点で、次のような会計処理をします。

（借方）建物　　　　　×××　（貸方）建設仮勘定　×××

この時点で、現実に建物の仕入れを行ったことになりますので、ここでその全額が仕入税額控除の計算対象となります。

ところで、消費税法基本通達11−3−6（建設仮勘定）には、建物などの完成前に支払った金額について、建設仮勘定として経理した場合であっても、課税仕入れ等をした日の属する課税期間において仕入税額控除の規定を適用する旨が定められています。

この通達をそのまま読むと、あたかも建設仮勘定が仕入税額控除の対象となるように読めてしまうのですが、ここは注意が必要です。本通達は、あくまでも「課税仕入れ等をした日の属する課税期間において…」と定めているのであり、手付金などの支払日が課税仕入れの日とな

Ⅰ　不動産取引と仕入税額控除　11

るわけではありません。

　たとえば、建物の設計（設計料100）と建築（建築費400）を別々の業者に依頼したような場合には、まず、設計図面が完成した段階で「設計」という役務の提供を受けたことになります。したがって、支払った設計料は建設仮勘定として経理するものの、図面完成の時点で、まずは設計料100を仕入税額控除の対象とすることになるのです。

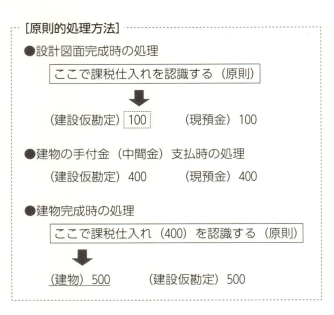

　上記のように、仕入税額控除のタイミングは、基本的に経理処理とは連動しないわけですが、現実問題として考えた場合、設計料と建築費をバラバラに控除するのはいかにも面倒であり、勘違いの基にもなりかねません。そこで、同基本通達の後段では、目的物が完成した日の属する課税期間において、建設仮勘定にストックしておいた設計料や建築費をまとめて控除することも認めているのです。

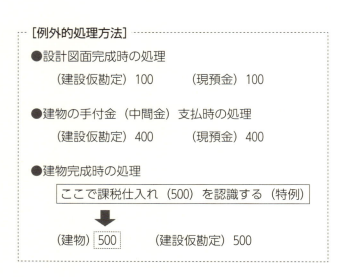

5 建設業の外注費

　建設業者が工事を請け負った場合の費用収益の認識基準としては、工事完成基準によるケースが一般的です。つまり、工事が完成するまでの間は工事売上高は計上せず、入金額は未成工事受入金として処理をします。また、材料費、外注費などについても未成工事支出金として処理をし、工事原価に計上しないということです。

　ただし、仕入税額控除の時期は課税仕入れ等を行った日の属する課税期間であり、支払ベースでの控除を認めるものではありません（消基通11－3－1）。また、課税仕入れの時期については、売上げとの対応関係を考慮する必要もありません。

　建設工事が未完成で、まだ売上げが計上されていない状態であっても、材料費、外注費などについては、課税仕入れをしたときに、仕入税額控除の対象としてかまわないということです。

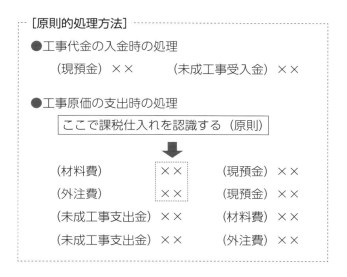

　ただし、ここで注意したいのが、外注費の取扱いです。

　外注費といってもその内容はさまざまであり、たとえば土木工事一式を下請業者に外注するといったケースもあるし、いわゆる人工（にんく）の応援としての外注もあります。

　人工の応援のように、その内容が人的役務の提供の場合には、月単位などで計上した出来高について、その都度仕入税額控除の対象とすることができます。

　これに対し、下請業者との請負契約により、基礎工事、内装工事などを外注にだしたような場合には、その下請工事が完了したときが課税仕入れの時期となるので、たとえ出来高払いで工事代金を支払い、外注費勘定で処理をしたとしても、下請工事が完了するまでの支払分は単なる前払金であり、仕入税額控除は認められないことになるのです。「外注費なんだから…」という理屈は通用しないことに注意が必要です。

　建設業の場合、経理サイドで外注費の課税仕入れの時期を把握することは、現実問題として

容易なことではありません。そこで、工事が完成し、売上げを計上したときに、工事原価のうち、材料費、外注費などの課税仕入れについて、まとめて税額控除をすることも認められています（消基通11－3－5）。

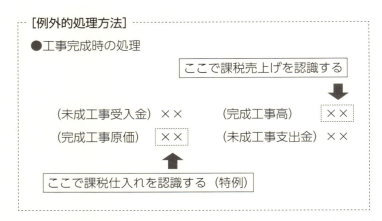

工事原価である材料費や外注費などの課税仕入れの時期は、おおむね次のようになります（消基通9－1－1、9－1－5、9－1－11、9－1－20）。

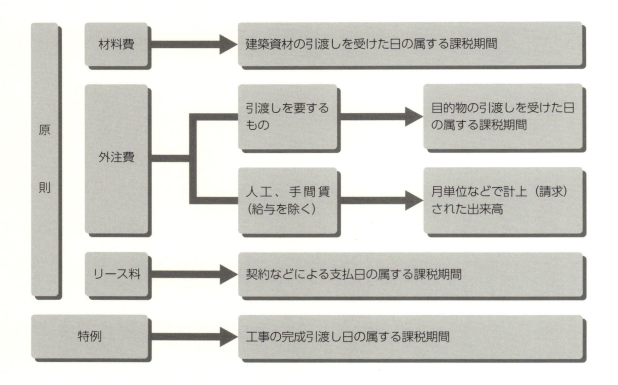

出来高検収書の取扱い（消基通11－6－6）

下請業者に対して外注費を支払う場合において、元請業者が作成する出来高検収書で工事の出来高を検収し、その出来高に応じて支払いをするケースがあります。これは、元請業者から

してみると部分完成引渡しを受けているのとなんら実態は変わらないものであり、このような事情を考慮して、出来高検収書に基づく外注費については、その都度、仕入税額控除の対象とすることが認められています。

　つまり、物の引渡しを要するような外注契約であっても、出来高検収書により検収をし、支払いをしているような場合には、下記の＜要件＞を満たした出来高検収書の保存を条件に、目的物の完成引渡しを待たずとも税額控除ができるということです。

【要件】

> ①　請求書等の記載要件を満たす出来高検収書であること
> ②　下請業者の確認を受けたものであること

　なお、下請業者が工事完成基準により売上げを認識していたとしてもこの取扱いは変わりません。外注費を支払う元請業者は、いわば課税仕入れの先取りをするような形で税額控除ができることになります。

6　個人事業者の家事共用資産

　納税義務者である「事業者」が「事業として」行った行為でなければ課税仕入れとはなりませんので、個人事業者の家事用資産の取得などは課税仕入れとはならず、仕入税額控除はできません（消基通11－1－1）。

　店舗兼用住宅のように家事共用資産を取得した場合には、床面積割合などの合理的な基準により取得対価をあん分し、事業用部分だけが課税仕入れとなります（消基通11－1－4）。

計算例

　個人事業者が、2階建の店舗兼用住宅を4,400万円で取得し、1階を店舗、2階を住居として使用する場合の課税仕入れに係る支払対価の額は次のように計算します。

　なお、床面積は、1階の店舗部分が120㎡、2階の住居部分が80㎡、玄関や廊下などの共用部分が20㎡となっています（延床面積220㎡）。

　①　事業用部分の床面積

$$120㎡ ＋ 20㎡ × \frac{120㎡}{220㎡－20㎡} ＝ 132㎡$$

　②　課税仕入れに係る支払対価の額

$$44,000,000円 × \frac{132㎡}{220㎡} ＝ 26,400,000円$$

7　共有物件

　不動産を共同購入した場合には、それぞれの持分割合に応じて課税仕入高を計算します。たとえば、均等出資で建物を8,800万円で取得した場合には、各出資者の課税仕入高は4,400万円

となります（8,800万円×1／2＝4,400万円）。

事例　家事共用資産と共有物件の関係

夫婦共有（夫（事業主）1／3、妻2／3）で事務所兼用住宅を9,900万円で取得し、1階を事務所、2階と3階を自宅として使用した場合の課税仕入高は次のように計算します（各階ごとの床面積割合は同一です）。

正しい処理	9,900万円×1／3×1／3＝1,100万円
誤った処理	9,900万円×1／3＝3,300万円

個人事業者が事務所兼用住宅などの家事共用資産を取得した場合には、取得価額を床面積割合などの合理的な基準により按分したうえで、事業用の部分だけが課税仕入れに該当することになります（ 6 を参照）。

したがって、本事例における建物の所有者が夫（事業主）単独の場合には、建物の建築費のうち1／3だけが、仕入控除税額の計算に取り込まれることになります。

ところで、分譲マンションのように各部屋ごとの区分所有登記がされている場合には、それぞれの部屋は独立した固定資産と考えるのに対し、本事例のように共有持分のケースでは、それぞれの持分に応じた部分だけを自己の所有物として認識することになります。

したがって、建物の建築費のうち妻の持分である2／3については、事業者である夫が購入したものではないのでいっさい仕入税額控除の対象とすることはできません。夫の持分が、たまたま事務所の床面積割合と同一であったからといって、事務所部分をすべて夫の持分とすることはできないので注意が必要です。

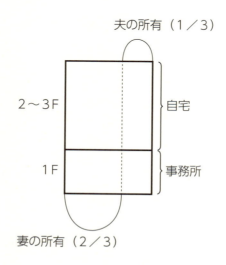

これに対し、仮に、1階の事務所部分と2～3階の自宅部分が区分所有登記がされており、

1階の事務所部分が夫の名義になっている場合には、夫は建物の建築費の1／3を仕入控除税額の計算に取り込むことができることになります。

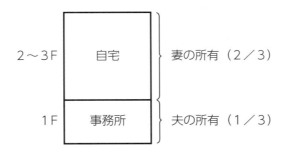

所得税の世界では、建物の持分に妻の名義が入っていたとしても、生計を一にする親族が所有するものであれば、事務所部分はすべて事業用として減価償却をすることができます（所法56）。しかし、消費税では現実に事業者自らが行った課税仕入れでなければ仕入税額控除の対象とすることはできないので、建物の保存登記をする場合には、消費税の申告なども視野に入れたうえで、区分所有権の設定なども検討する必要があるように思われます。

8　交換

「交換」は、現実の売買において金銭のやり取りを省略しただけの行為であり、資産の譲渡に該当します（消基通5－2－1（注））。よって、資産を交換した場合には、売上高と仕入高がセットで発生することに注意する必要があります。

資産を交換した場合の売上（仕入）金額は次のように計算します（消令45②四）。

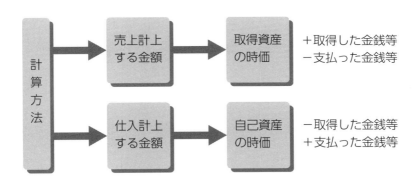

なお、当事者間で定めた資産の価額と実際の相場が異なる場合であっても、それが正常な取引条件に基づく交換であるならば、その合意した価額により売上金額、仕入金額を計上することができます（消基通10－1－8）。

計算例1

自己所有の資産（時価200）と相手先所有の資産（時価180）の交換にあたり、現金20を取得した場合には、売上高は200（180＋20）、仕入高は180（200－20）となります。

◆売上金額の考え方

　交換の場合には、売上代金を収受する代わりに相手資産を取得するわけですから、相手資産の時価（180）が売上計上する金額の基準となります。なお、時価の差額を補うために取得した金銭（20）は、まさに売上代金の一部であることから、これを売上金額に加算します。

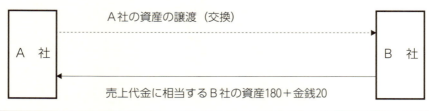

◆仕入金額の考え方

　交換の場合には、仕入代金を支払う代わりに自己資産を引き渡すわけですから、自己資産の時価（200）が仕入計上する金額の基準となります。なお、取得した金銭（20）については、仕入代金について釣銭を収受したと考え、これを仕入金額から控除します。

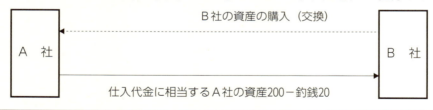

計算例2

自己所有の資産（時価180）と相手先所有の資産（時価200）の交換にあたり、現金20を支払った場合には、売上高は180（200－20）、仕入高は200（180＋20）となります。

◆売上金額の考え方

　売上代金に相当する相手資産の時価（200）が売上計上する金額の基準となります。なお、時価の差額を補うために支払った金銭（20）は、売上代金について釣銭を支払ったと考え、これを売上金額から控除します。

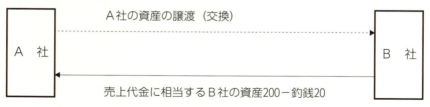

◆仕入金額の考え方

　仕入代金に相当する自己資産の時価（180）が仕入計上する金額の基準となります。なお、支払った金銭（20）は、まさに仕入代金の一部であることから、これを仕入金額に加算します。

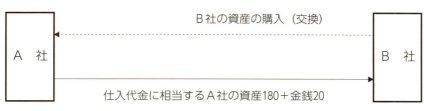

計算例3

　自己所有の資産（時価180）と相手先所有の資産（時価200）について、取引価額を190と定めて交換した場合には、その取引が正常な取引条件に基づいて行われたものである限り、売上高と仕入高はともに190となります。

◆売上金額の考え方

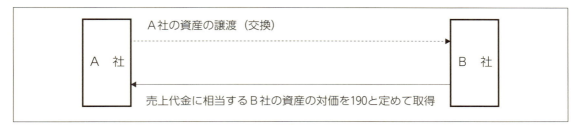

◆仕入金額の考え方

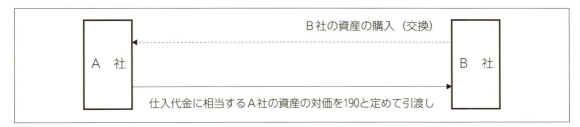

9　資産の譲渡等に類する行為

1 ◆代物弁済

　借入金の返済のために債権者に資産を引き渡すことを「代物弁済」といいますが、この代物弁済という行為は、資産を売却した代金で借金を返済することと実態は何ら変わらないことから資産の譲渡等に含めることとされています（消法2①八）。

この場合の売上（仕入）金額は、<u>消滅する債務の額に支払いを受ける金額を加算した金額</u>となります（消令45②一）。

計算例

（1）金銭の授受がないケース

100の借入金の返済にあたり、債権者に時価100の資産を引き渡した場合には、消滅する債務の額100が売上高となります（債権者は100の仕入高が発生します）。

（2）時価との差額につき、債務者が金銭を収受するケース

100の借入金の返済にあたり、債権者に時価120の資産を引き渡し、現金20を収受した場合には、消滅する債務の額100と別途収受した金額20の合計額である120が売上高となります（債権者は120の仕入高が発生します）。

（3）時価との差額につき、債務者が金銭を支払うケース

100の借入金の返済にあたり、債権者に時価80の課税資産を引き渡し、現金で20を返済した場合には、消滅する債務の額80（100−20）が売上高となります（債権者は80の仕入高が発生します）。

2 ◆ 負担付き贈与

借金の肩代わりを条件として資産を贈与するような行為を「負担付き贈与」といいますが、これは相手に負担させる金銭等の額が、実質的に贈与した資産の売却代金に相当するものであり、資産の譲渡等に含めることとされています（消令2①二）。

この場合の売上（仕入）金額は、<u>その負担付き贈与に係る受贈者の負担の価額に相当する金額</u>となります（消令45②一）。

計算例

（1）金銭の授受がないケース

100の借入金の肩代わりを条件として、時価100の資産を贈与した場合には、贈与者は相手方に負担させる借入金の額100が売上高となります（受贈者は100の仕入高が発生します）。

（2）時価との差額につき、贈与者が金銭を収受するケース

100の借入金の肩代わりを条件として、時価120の資産を贈与し、時価と借入金の差額20を現金で収受した場合には、贈与者は相手方に負担させる借入金の額100と金銭20との合計額である120が売上高となります（受贈者は120の仕入高が発生します）。

（3）時価との差額につき、贈与者が金銭を支払うケース

100の借入金の肩代わりを条件として、時価80の資産を贈与し、現金20を支払う場合には、贈与者が相手に負担させる借入金の額は実質80（100−20）であり、これが売上高となります（受贈者は80の仕入高が発生します）。

3 ◆ 現物出資

　新設された法人の株式等を取得するために、金銭の出資に代えて土地や建物などの資産を現物で出資する行為を「現物出資」といいますが、これは新設された法人に資産を売却し、その売却代金で株式等を購入することと実態は何ら変らないことから資産の譲渡等に含めることとされています（消令2①二）。

　この場合の売上（仕入）金額は、<u>出資により取得する株式等の取得時の時価</u>となります（消令45②三、消基通11－4－1）。

計算例

　土地（時価1,000）及び建物（時価500）を出資して会社を設立した場合には、株式の発行時の時価1,500が出資（譲渡）した土地と建物の対価となります。

$$1,500 \times \frac{1,000}{1,000+500} = 1,000 \cdots 土地の譲渡（購入）対価$$

$$1,500 \times \frac{500}{1,000+500} = 500 \cdots 建物の譲渡（購入）対価$$

【参考】

　金銭出資により新設された法人の株式を取得した後に、資産を譲渡して出資金銭を回収するような法人の設立形態を「事後設立」といいますが、この事後設立による資産の譲渡は現物出資とは異なるものです。したがって、事後設立の場合には、出資した金銭の額ではなく、現実の資産の売買金額が譲渡（購入）対価となることに注意する必要があります（消基通5－1－6、11－4－1（注））。

計算例

　金銭を出資し、新設された法人の株式を取得した後に、契約に基づき出資者に対して土地付建物を1,000で譲渡した場合には、現実の譲渡対価である1,000が土地と建物の譲渡対価となります。

　この場合において、対価の内訳が区分されていない場合には、新設された法人は、時価の比率などにより購入対価を按分し、建物の購入対価を課税仕入高として処理します（計算方法は第3章Ⅰの **1** を参照）。

10 　対価未確定

　課税期間末日において、売上高（仕入高）が未確定の場合には、期末の現況により適正に見積計上することとされています。

　なお、翌期以降において対価の額が確定した場合には、その確定した期の売上高（仕入高）に差額を加減算することとされていますので、前期以前にさかのぼって修正申告や更正の請求をする必要はありません（消基通10－1－20、11－4－5）。

Ⅰ　不動産取引と仕入税額控除　　21

Ⅱ 高額特定資産を取得した場合の特例（平成28年度改正）

1 「3年縛り」の狙いとは？

　調整対象固定資産（一取引単位につき、税抜の取得金額が100万円以上の固定資産）あるいは高額特定資産（棚卸資産又は調整対象固定資産で、一取引単位につき、税抜の取得金額が1,000万円以上の資産）を取得した場合には、3年間は免税事業者となることができず、また、簡易課税制度の適用も禁止するというルールがあります。この「3年縛り」の狙いとするところは、物件の取得時に還付を受けた消費税相当額について、課税売上割合が著しく減少した場合の税額調整の規定を強制適用させることにより、これを3年目において取り戻し課税するものです。

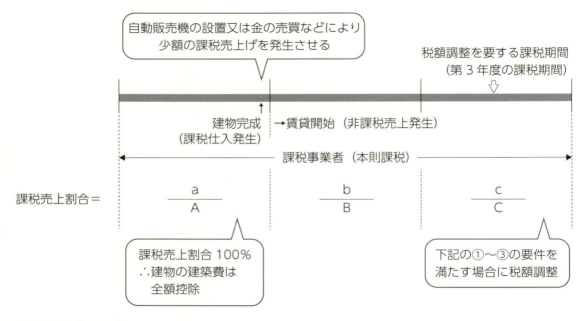

■税額調整の要件……下記①～③のいずれの要件も満たすこと（消法33、消令53）。
① 調整対象固定資産を第3年度の課税期間末に保有していること
② 仕入れ等の課税期間において、比例配分法により調整対象固定資産に係る仕入控除税額を計算していること

> 比例配分法とは、下記 ⅰ～ⅲ のいずれかの方法による仕入控除税額の計算をいう。
> ⅰ 個別対応方式を適用する場合には、その調整対象固定資産を共通業務用に区分すること
> ⅱ 一括比例配分方式
> ⅲ 課税売上割合が95％以上となったことによる全額控除

③　変動率が50％以上であり、かつ、変動差が5％以上であること

上図を基に「変動率」と「変動差」を算式で示すと下記のようになる。

仕入れ等の課税期間の課税売上割合 $= \dfrac{a}{A}$ （X）

通算課税売上割合 $= \dfrac{a+b+c}{A+B+C}$ （Y）

変動率 $= \dfrac{X-Y}{X} \geq 50\%$　かつ　変動差 $= X-Y \geq 5\%$　であること

※計算例については112～113頁を参照してください。

2　高額特定資産を取得した場合の特例制度とは？

　本則課税の適用期間中に高額特定資産を取得した場合には、たとえ平成22年度改正法の適用を受けない場合であっても、いわゆる「3年縛り」が強制されることになります。

◆22年度改正法とは？

　下記①～③の期間中に調整対象固定資産を取得し、本則課税により仕入控除税額を計算した場合には、第3年度の課税期間（取得日の属する課税期間の初日から3年を経過する日の属する課税期間）までの間は本則課税が強制適用となる（旧3年縛り）。
①　「課税事業者選択届出書」を提出して課税事業者となった事業者の強制適用期間中
②　資本金1,000万円以上の新設法人の基準期間がない事業年度中
③　特定新規設立法人の基準期間がない事業年度中

◆28年度改正法（高額特定資産を取得した場合の特例）

　本則課税の適用期間中に高額特定資産を取得した場合には、第3年度の課税期間までの間は本則課税が強制適用となる（新3年縛り）。

　高額特定資産を取得したことにより本則課税が強制適用となる課税期間中において、基準期間における課税売上高が1,000万円以下となった場合には、「高額特定資産の取得に係る課税事業者である旨の届出書」の提出が義務付けられています。ただし、「課税事業者選択届出書」を提出している事業者は、たとえ基準期間における課税売上高が1,000万円以下となった場合であっても、この届出書を提出する必要はありません。

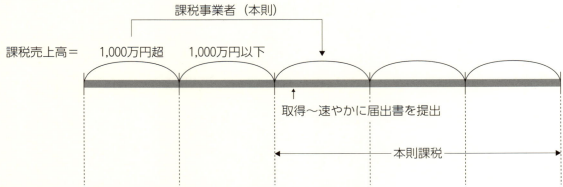

※参照条文：消法9⑦、12の2②、12の3③、12の4、37③、57①二の二

第5−(2)号様式

高額特定資産の取得等に係る課税事業者である旨の届出書

令和　　年　月　日 　　　　　税務署長殿	届 出 者	（フリガナ） 納　税　地	（〒　　−　　　） （電話番号　　　　−　　　−　　　　）
		（フリガナ） 氏 名 又 は 名 称 及 び 代 表 者 氏 名	印
		法 人 番 号	※　個人の方は個人番号の記載は不要です。 ◻◻◻◻｜◻◻◻◻｜◻◻◻◻

　下記のとおり、消費税法第12条の4第1項又は第2項の規定の適用を受ける課税期間の基準期間の課税売上高が1,000万円以下となったので、消費税法第57条第1項第2号の2の規定により届出します。

届 出 者 の 行 う 事 業 の 内 容	
この届出の適用 対象課税期間	※消費税法第12条の4第1項又は第2項の規定が適用される課税期間で基準期間の課税売上高が1,000万円以下となった課税期間を記載してください。 自　令和　　年　　月　　日　　　至　令和　　年　　月　　日

| 上記課税期間の
基 準 期 間 | 自 平成
　 令和　　年　月　日
至 平成
　 令和　　年　月　日 | 左記期間の
課税売上高 | 円 |

該 当 す る 資 産 の 区 分 等 ［該当する資産の区分 に応じて記載してくだ さい。］	◻ ①高額特定資産 　（②に該当するものを除く）	高額特定資産の仕入れ等の日	高額特定資産の内容
		平成 令和　　年　月　日	
	◻ ②自己建設高額特定資産	自己建設高額特定資産の仕入れ等を行った場合に該当することとなった日	
		平成 令和　　年　月　日	
		建設等の完了予定時期	自己建設高額特定資産の内容
		平成 令和　　年　月　日	

※消費税法第12条の4第2項の規定による場合は、次のとおり記載してください。
1 「高額特定資産の仕入れ等の日」及び「自己建設高額特定資産の仕入れ等を行った場合に該当することとなった日」は、「消費税法第36条第1項又は第3項の規定の適用を受けた課税期間の初日」と読み替える。
2 「自己建設高額特定資産」を、「調整対象自己建設高額資産」と読み替える。

参 考 事 項	
税理士署名押印	印 （電話番号　　　　−　　　−　　　　）

※ 税 務 署 処 理 欄	整理番号		部門番号		番号確認	
	届出年月日	年　月　日	入力処理	年　月　日	台帳整理	年　月　日

注意　1．裏面の記載要領等に留意の上、記載してください。
　　　2．税務署処理欄は、記載しないでください。

具体例1　1年決算法人が高額特定資産を取得するケース

　12月決算法人がx1年1月1日～x1年12月31日課税期間中に高額特定資産を取得した場合には、その翌課税期間（x2年1月1日～x2年12月31日）から高額特定資産の仕入れ等の日の属する課税期間（x1年1月1日～x1年12月31日）の初日以後3年を経過する日（x3年12月31日）の属する課税期間（x3年1月1日～x3年12月31日）まで、本則課税が強制適用されることになります。

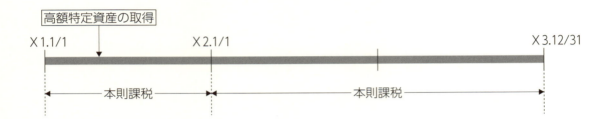

具体例2　決算期を変更するケース

　12月決算法人がx1年1月1日～x1年12月31日課税期間中に高額特定資産を取得し、その翌課税期間において6月決算に事業年度を変更した場合には、高額特定資産を取得した課税期間の翌課税期間（x2年1月1日～x2年6月30日）から高額特定資産の仕入れ等の日の属する課税期間（x1年1月1日～x1年12月31日）の初日以後3年を経過する日（x3年12月31日）の属する課税期間（x3年7月1日～x4年6月30日）まで、本則課税が強制適用されることになります。

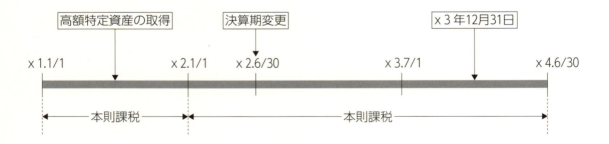

具体例3　高額特定資産を自己建設するケース

　高額特定資産を自己建設する場合には、原材料費、経費などの課税仕入れの累計額が1,000万円以上となった課税期間において、その「自己建設高額特定資産」を仕入れたものとして取り扱います。

この場合においては、自己建設高額特定資産を仕入れた課税期間の翌課税期間から、自己建設高額特定資産が完成した日の属する課税期間の初日から３年を経過する日の属する課税期間まで、本則課税が強制適用となります。

　12月決算法人がｘ１年１月１日～ｘ１年12月31日課税期間から高額特定資産の建築を開始し、ｘ４年に物件が完成した場合には、課税仕入れの累計額が1,000万円に達したｘ２年１月１日～ｘ２年12月31日課税期間の翌課税期間（ｘ３年１月１日～ｘ３年12月31日）から高額特定資産の完成日の属する課税期間（ｘ４年１月１日～ｘ４年12月31日）の初日以後３年を経過する日（ｘ６年12月31日）の属する課税期間（ｘ６年１月１日～ｘ６年12月31日）まで、本則課税が強制適用されることになります。

ｘ１年	ｘ２年	ｘ３年	ｘ４年	ｘ５年	ｘ６年
600 材料費等	(仕入) 600 600 (1,200)	600 600 600 (1,800)	完成 600 600 600 600 (2,400)		

←――本則――→　　←――――――本則――――――→

具体例4　高額特定資産の建設中に免税期間や簡易課税適用期間があるケース

　高額特定資産を自己建設する場合には、原材料費、経費などの課税仕入れの累計額が1,000万円以上となった課税期間において、その「自己建設高額特定資産」を仕入れたものとして取り扱います。

　ただし、自己建設期間中に免税事業者であった期間や簡易課税適用期間が含まれている場合には、これらの期間中に行った課税仕入れは上記の累計額にはカウントしないこととされています。

　12月決算法人がｘ１年１月１日～ｘ１年12月31日課税期間から高額特定資産の建築を開始し、ｘ４年に物件が完成した場合には、課税仕入れの累計額が1,000万円に達したｘ３年１月１日～ｘ３年12月31日課税期間の翌課税期間（ｘ４年１月１日～ｘ４年12月31日）から高額特定資産の完成日の属する課税期間（ｘ４年１月１日～ｘ４年12月31日）の初日以後３年を経過する日（ｘ６年12月31日）の属する課税期間（ｘ６年１月１日～ｘ６年12月31日）まで、本則課税が強制適用されることになります。
（注）ｘ２年１月１日～ｘ２年12月31日課税期間中は簡易課税により申告しています。

```
         簡易課税
           ↓
  ×1年 │ ×2年 │ ×3年 │ ×4年 │ ×5年 │ ×6年
                     (仕入)   完成
                      600    600
   600   600         600    600
  材料費等 600               600
        (600)       (1,200) (1,800)
              ←─ 本則 ─→←────── 本則 ──────→
```

具体例5　簡易課税制度の適用制限がないケース

　本則課税の適用期間中に高額特定資産を取得した場合には、高額特定資産を取得した日の属する課税期間の初日から3年を経過する日の属する課税期間の初日の前日までの間は「簡易課税制度選択届出書」を提出することができません（消法37③）。つまり、「簡易課税制度選択届出書」の提出時期に制限を設けることによって、本則課税による「3年縛り」をしているということです。

　また、「簡易課税制度選択届出書」を提出した場合であっても、基準期間における課税売上高が5,000万円を超える場合には、簡易課税により計算することはできません。

　したがって、事前に「簡易課税制度選択届出書」を提出している事業者の基準期間における課税売上高が5,000万円を超えたことにより本則課税が適用され、たまたまこの課税期間中に高額特定資産を取得したようなケースでは、簡易課税制度の適用制限はされないこととなります。

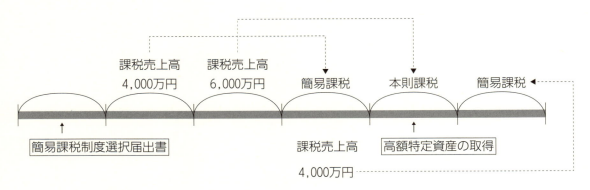

3　22年度改正法と28年度改正法（高額特定資産の特例）との関係

　22年度改正法は、「課税事業者選択届出書」を提出して課税事業者となるケースであれば強制適用期間中、新設法人（特定新規設立法人）のケースであれば基準期間がない事業年度中に、調整対象固定資産を取得した場合でなければ適用できません。また、取得資産が棚卸資産であれば、どんなに高額な資産であっても22年度改正法は適用できないという問題点がありました。

　結果、抜け穴だらけの22年度改正法の隙間をつくように、次の①〜④のような節税スキームが横行したことが、28年度改正に繋がったものと思われます。

---

① 建物などの高額な棚卸資産を取得し、本則課税により消費税の還付を受けた期の翌期に資産を売却し、簡易課税制度の適用を受けるような事例

② 課税事業者の強制適用期間を経過してから調整対象固定資産を取得することにより、その翌期は免税事業者や簡易課税適用事業者となるような事例

③ 資本金1,000万円以上の法人を設立し、基準期間がない事業年度を経過してから調整対象固定資産を取得することにより、その翌期は免税事業者や簡易課税適用事業者となるような事例

④ 特定期間中の課税売上高と給与等の支払額のいずれかが1,000万円を超える場合には、課税事業者を選択せずとも課税事業者となることができる。
　結果、課税事業者届出書（特定期間用）を提出して課税事業者となり、調整対象固定資産を取得しても、いわゆる「3年縛り」の規定は適用されないため、その翌期は免税事業者や簡易課税適用事業者となるような事例

具体例1　棚卸資産を取得するケース

◆22年度改正法の取扱い

　課税選択をした個人事業者（不動産業者）が販売用建物を取得し、その翌年においてこれを販売する場合には、建物の取得価額が1,000万円未満であれば、建物を取得した年は本則課税、売却した年は簡易課税により申告することができます。

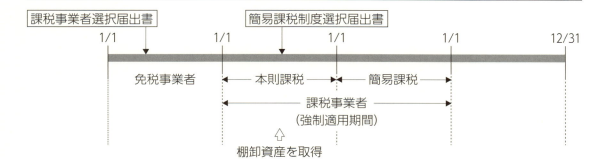

◆28年度改正法の取扱い

> 課税選択をした個人事業者（不動産業者）が、1,000万円以上の棚卸資産（高額特定資産）を取得した場合には3年間は本則課税が強制適用となります。

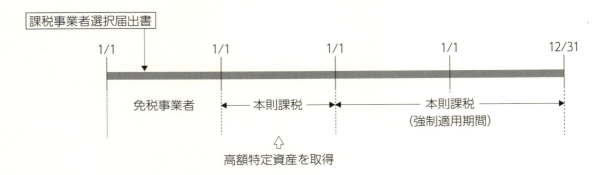

具体例2　新設法人が課税選択をして固定資産を取得するケース

◆22年度改正法の取扱い

> 7月1日に資本金300万円で設立した12月決算法人が、設立事業年度から課税事業者を選択し、設立4期目に1,000万円未満の調整対象固定資産を取得した場合には、4期目に「課税事業者選択不適用届出書」を提出することにより、設立5期目は免税事業者になることができます。
> また、4期目に「簡易課税制度選択届出書」を提出することにより、設立5期目は簡易課税により申告することもできます。

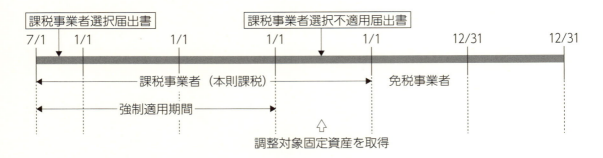

【ワンポイントアドバイス】

　設立事業年度が1年未満の新設法人が「課税事業者選択届出書」を提出し、設立事業年度から課税事業者となった場合には、3期目以降でなければ「課税事業者選択不適用届出書」を提出することはできません。「課税事業者選択不適用届出書」を3期目に提出すると、4期目から「課税事業者選択届出書」の効力は失効しますので、結果、1期目から3期目までが課税事業者としての強制適用期間となります。

※「課税事業者選択（不適用）届出書」については第2部の第1章Ⅰで詳細に解説しています。

◆28年度改正法の取扱い

> 7月1日に資本金300万円で設立した12月決算法人が、設立事業年度から課税事業者を選択し、設立4期目に高額特定資産を取得した場合には、6期目まで本則課税が強制適用となります。

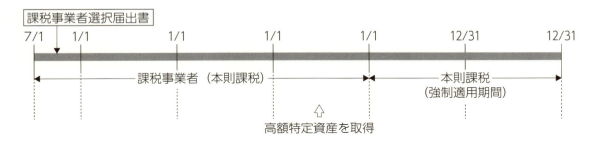

【ワンポイントアドバイス】
「課税事業者選択届出書」を提出せずに、2期目の課税売上高が1,000万円を超えたことにより4期目を本則課税で申告した場合でも、6期目までは本則課税が強制適用となります。

具体例3　新設法人が3期目に固定資産を取得するケース

◆22年度改正法の取扱い

> 7月1日に資本金1,000万円で設立した12月決算法人が、設立3期目において1,000万円未満の調整対象固定資産を取得し、本則課税により申告した場合には、3期目に「簡易課税制度選択届出書」を提出することにより、4期目は簡易課税により申告することができます。

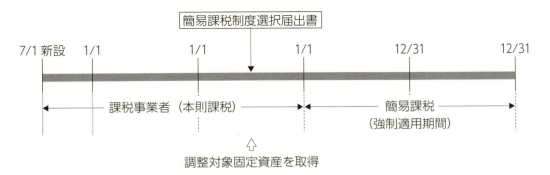

【ワンポイントアドバイス】
資本金が1,000万円以上の新設法人は、基準期間がない設立事業年度とその翌事業年度において免税事業者となることはできません。
※新設法人については第2部の第3章Ⅵで詳細に解説しています。

◆28年度改正法の取扱い

> 7月1日に資本金1,000万円で設立した12月決算法人が、設立3期目において高額特定資産を取得し、本則課税により申告した場合には、5期目まで本則課税が強制適用となります。

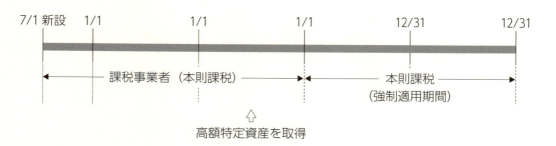

具体例4　簡易課税適用事業者が固定資産を取得するケース

◆22年度改正法の取扱い

> 簡易課税制度の適用を受けていた個人事業者が「簡易課税制度選択不適用届出書」を提出し、1,000万円未満の調整対象固定資産を取得した年において本則課税により申告した場合には、調整対象固定資産を取得する年中に「簡易課税制度選択届出書」を提出することにより、その翌年から再び簡易課税により申告することができます。

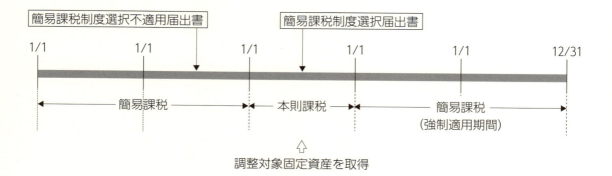

【ワンポイントアドバイス】

　課税期間が1年サイクルの場合、簡易課税は2年間の継続適用義務がありますが、簡易課税から本則課税に変更した場合についてまで、2年間の継続適用義務があるわけではありません。
※「簡易課税制度（不適用）選択届出書」については第2部の第1章Ⅱで詳細に解説しています。

◆28年度改正法の取扱い

> 簡易課税制度の適用を受けていた個人事業者が「簡易課税制度選択不適用届出書」を提出し、高額特定資産を取得した年において本則課税により申告した場合には、その翌々年まで本則課税が強制適用となります。

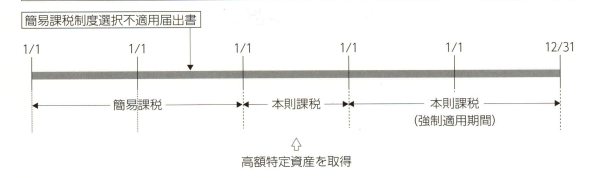

具体例5　課税事業者届出書（特定期間用）を提出して固定資産を取得するケース

◆22年度改正法の取扱い

> 前年1月1日から6月30日まで（特定期間）の課税売上高等が1,000万円を超えたことにより課税事業者となり、1,000万円未満の調整対象固定資産を取得した年において本則課税により申告した個人事業者は、調整対象固定資産を取得した年中に「簡易課税制度選択届出書」を提出することにより、その翌年から簡易課税により申告することができます。
> また、基準期間における課税売上高や特定期間中の課税売上高等が1,000万円以下となる場合には、「納税義務者でなくなった旨の届出書」を提出することにより、再び免税事業者となることもできます。

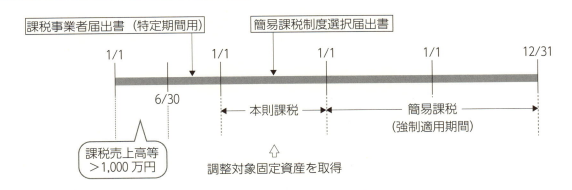

【ワンポイントアドバイス】
　特定期間中の課税売上高による納税義務判定（平成23年度改正）は、課税売上高に代えて特定期間中の給与等の支払額により判定することも認められています。

※平成23年度改正法による納税義務の判定については第2部の第3章Ⅱで詳細に解説しています。

◆28年度改正法の取扱い

> 個人事業者が、高額特定資産を取得した年において本則課税により申告した場合には、その翌々年まで本則課税が強制適用となります。

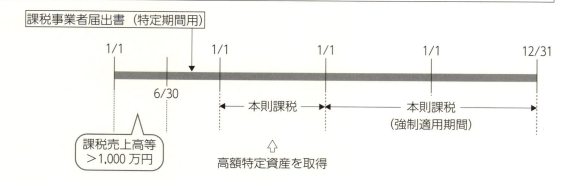

届出書が無効とされるケース（消法37④）

1　調整対象固定資産に対する旧3年縛りの取扱い

下記①〜③の期間中に調整対象固定資産を取得した場合には、調整対象固定資産を取得した日の属する課税期間の初日から3年を経過する日の属する課税期間の初日の前日までの間は「簡易課税制度選択届出書」を提出することができません。

「簡易課税制度選択届出書」の提出後に調整対象固定資産を取得した場合には、その届出書の提出はなかったものとみなされます。

① 「課税事業者選択届出書」を提出して課税事業者となった事業者の強制適用期間中
② 資本金1,000万円以上の新設法人の基準期間がない事業年度中
③ 特定新規設立法人の基準期間がない事業年度中

2　高額特定資産に対する新3年縛りの取扱い

本則課税の適用期間中に高額特定資産を取得した場合には、高額特定資産を取得した日の属する課税期間の初日から3年を経過する日の属する課税期間の初日の前日までの間は「簡易課税制度選択届出書」を提出することができません。

「簡易課税制度選択届出書」の提出後に高額特定資産を取得した場合には、その届出書の提出はなかったものとみなされます。

具体例 「簡易課税制度選択届出書」の提出後に高額特定資産を取得したケース

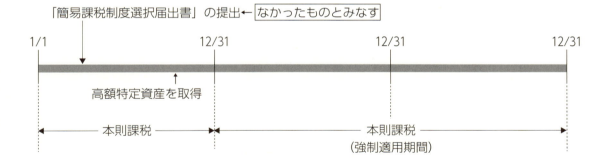

■棚卸資産又は固定資産を取得した場合のフローチャート

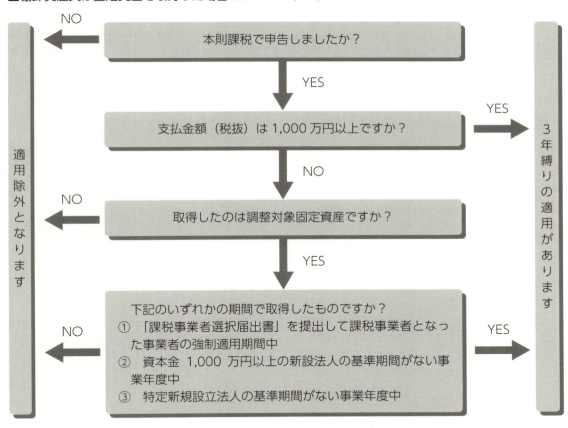

Ⅲ 居住用賃貸建物に対する仕入税額控除の制限（令和2年度改正）

　居住用賃貸住宅の取得費は、非課税となる住宅家賃に対応するため、本来、仕入税額控除の対象とすることはできないのですが、作為的に金の売買を継続して行うなどの手法により課税売上げを発生させ、物件取得時の消費税の還付を受けるとともに、課税売上割合の変動による税額調整の規定を回避しようとする事例が散見されます。そこで、建物の用途の実態に応じて計算するよう、「居住用賃貸建物」について、仕入税額控除制度を見直すこととしたものです。

1　金の売買を利用した還付スキーム

1 ◆ 物件取得時の還付スキーム

　居住用の賃貸物件であっても、建物が完成する課税期間における課税売上高が5億円以下であり、かつ、課税売上割合が95％以上となる場合には、その建築費の全額を仕入税額控除の対象とすることができます。そこで、課税売上割合を95％以上にするための様々な工作がなされているようです。

　たとえば、新設法人が設立事業年度中に賃貸マンションを新築するとします。この場合において、建物の完成を事業年度末に設定し、賃貸開始は翌事業年度からとします。さらに、建物が完成する事業年度において少額の金の売買を行った場合には、建物が完成する事業年度中の課税売上高は金の売上高だけとなり、結果、課税売上割合が100％（95％以上）となって、建物の建築費の全額を仕入税額控除の対象とすることができるのです。

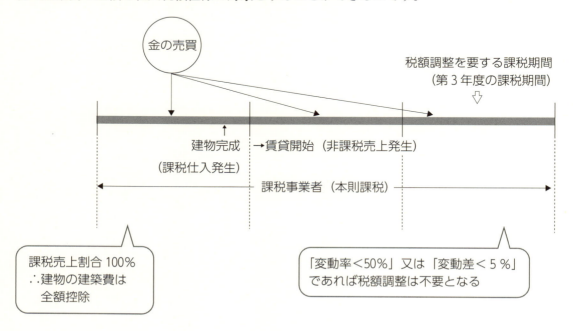

2 ◆ 課税売上割合の変動による取戻し課税を回避するためのスキーム

　本則課税の適用期間中に高額特定資産を取得した場合には、いわゆる「3年縛り」が強制適用となるために、課税売上割合が著しく減少した場合には、高額特定資産に係る当初の還付消費税額が、第3年度の課税期間で取り戻し課税されることになります。

　そこで、建物を取得した課税期間から第3年度の課税期間にかけて、変動率又は変動差のいずれかの要件を満たさなくなる程度に金を売買することにより、第3年度の課税期間における取戻し課税を回避しようとするものです。

※「課税売上割合の変動による取戻し課税」については22頁で詳細に解説しています。

2　居住用賃貸建物と仕入税額控除の制限

1 ◆ 居住用賃貸建物とは？

　仕入税額控除が制限される「居住用賃貸建物」とは、住宅の貸付けの用に供しないことが明らかな建物以外の建物で、高額特定資産又は調整対象自己建設高額資産に該当するものをいいます。

(注)「居住用賃貸建物」には、その附属設備も含まれます（改消法30⑩）。

　具体的には、建物の構造や設備の状況・その他の状況により住宅の貸付用でないことが客観的に明らかでない限りはこれに該当しますので、たとえば、下表のうち、○印のある物件が「居住用賃貸建物」に該当することになります（消基通11－7－1）。

用途	構造・目的	判定
事業用	店舗・工場などの事業用施設	×
販売用	居住用として賃貸している現住建造物	○
	1階を事業用・2階を居住用として賃貸している現住建造物	○
	事業用として賃貸している現住建造物	×
	棚卸資産（所有期間中に住宅として賃貸しないことが明らかなもの）	×
賃貸用	すべてが居住用の賃貸物件	○
	1階が事業用で2階が居住用の賃貸物件	○
	すべてが事業用の賃貸物件（貸店舗・貸事務所・ホテルなど）	×
	<u>用途未定の賃貸物件</u>	○

　課税仕入れを行った日の属する課税期間の末日において住宅の貸付けの用に供しないことが明らかにされたときは、居住用賃貸建物に該当しないものとすることができる（消基通11－7－2）。

Ⅲ　居住用賃貸建物に対する仕入税額控除の制限（令和2年度改正）　37

2 ◆ 居住用賃貸建物の判定時期 （消基通11－7－2）

購入資産	原則：引渡しがあった日
	特例：譲渡に関する契約の効力発生日
自己建設資産	建設等に要した費用の額《原材料費や経費となる課税仕入高（税抜)》が1,000万円以上となった日

3 ◆ 仕入税額控除の制限 （改消法30⑩）

　現行法では、居住用の賃貸物件であっても、下表の①又は②に該当する場合には仕入税額控除が認められているところですが、改正により、居住用賃貸物件の取得時における仕入税額控除はシャットアウトされることになりました。

改正前		改正後
① 課税売上高が5億円以下で、かつ、課税売上割合が95％以上の場合	全額控除	仕入税額控除はできない
② 一括比例配分方式を適用する場合	課税売上割合分だけ控除	

【留意点】

①　3年縛りの規定は、取得した居住用賃貸建物について、仕入税額控除が制限された場合であっても適用される（消基通1－5－30）。

②　居住用賃貸建物について、下記の取引が行われた場合にも、仕入税額控除は制限されることになる（改消令53の4③）。

> ⅰ　代物弁済、負担付き贈与、現物出資などの資産の譲渡等に類する行為
>
> ⅱ　土地収用法その他の法律の規定に基づく収用

※　ⅰについては19～21頁、ⅱについては119頁を参照してください。

4 ◆ 自己建設高額特定資産の取扱い

　高額特定資産を自己建設する場合には、原材料費や経費となる課税仕入高（税抜）の累計額が1,000万円以上となった課税期間において、その「自己建設高額特定資産」を仕入れたものとして取り扱います（消法12の4①）。そこで、自己建設高額特定資産が居住用賃貸建物に該当する場合には、その仕入日の属する課税期間（原材料費や経費となる課税仕入高（税抜）の累計額が1,000万円以上となった課税期間）以後の課税期間中に発生した課税仕入れについてのみ、仕入税額控除を制限することとしています（改消令50の2②）。

　よって、課税仕入高（税抜）の累計額が1,000万円以上となる課税期間より前に発生した課税仕入れ等の税額については、仕入税額控除の制限はありません（消基通11－7－4）。

38　第1章　取得

| 具体例 | 自己建設高額特定資産と居住用賃貸建物の関係 |

x 1 年中に居住用賃貸建物の建設を開始し、x 2 年において課税仕入れの累計が1,000万円以上となった場合には、x 3 年から物件が完成する x 4 年の翌々年である x 6 年まで、本則課税が強制適用となります。

この場合において、x 2 年～x 4 年中に発生した課税仕入れ（　　の金額）については仕入税額控除ができません（x 1 年中に発生した課税仕入れ600は、仕入控除税額の計算に取り込むことができます）。

x 1 年	x 2 年	x 3 年	x 4 年	x 5 年	x 6 年
	（仕入）		完成		
600	600	600	600		
材料費等	600	600	600		
	（1,200）	600	600		
		（1,800）	600		
			（2,400）		

├─── 本則 ───┤├────────── 本則 ──────────┤

3　建物の取得価額

1 ◆ 店舗兼用賃貸住宅などの取扱い

居住用賃貸建物を、建物の構造や設備の状況・その他の状況により、商業用（賃貸）部分と居住用賃貸部分とに合理的に区分しているときは、居住用賃貸部分についてのみ、仕入税額控除が制限されることになります（改消令50の2①）。

具体的には、建物の一部が店舗用の構造等となっている居住用賃貸建物などについて、使用面積割合や使用面積に対する建設原価の割合など、その建物の実態に応じた合理的な基準により区分することになります（消基通11－7－3）。

【参考】

平成13年12月21日裁決で、多目的型賃貸物件の仕入税額控除について争われた事例があります（裁決事例集第62集462頁）。

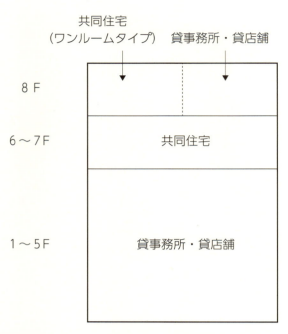

　請求人は、消費税法基本通達11−2−19（共通用の課税仕入れ等を合理的な基準により区分した場合）に基づき建築費を床面積割合であん分し、貸事務所・店舗部分は課税売上対応分、共同住宅部分は非課税売上対応分に区分して個別対応方式により仕入控除税額を計算しました。

　これに対し、原処分庁は、建物の建築費が課税売上対応分と非課税売上対応分に明確に区分されていないので個別対応方式を採用することはできず、一括比例配分方式により課税仕入れの消費税額を計算すべきであるとして更正処分及び過少申告加算税の賦課決定処分を行いました。

　請求人は、これらの処分を不服として異議申立てをしたところ、異議審理庁からいずれも棄却の異議決定がされたため、審査請求をしたものです。

> 消基通11−2−19（共通用の課税仕入れ等を合理的な基準により区分した場合）
> 　課税資産の譲渡等とその他の資産の譲渡等に共通して要するものに該当する課税仕入れ等であっても、例えば、原材料、包装材料、倉庫料、電力料等のように生産実績その他の合理的な基準により課税資産の譲渡等にのみ要するものとその他の資産の譲渡等にのみ要するものとに区分することが可能なものについて当該合理的な基準により区分している場合には、当該区分をしたところにより個別対応方式を適用することとして差し支えない。

　本件について、審判所では、請求人の建物の建築費の区分方法は合理的な基準の一つと認められるものと判断し、請求人の個別対応方式による課税仕入れの消費税の計算は正当であるとして、異議決定で採用した一括比例配分方式による計算を排斥しています。

　ところで、裁決書の本文（抜粋）には、請求人の主張を認めた根拠として、次のような見解が示されています。

…原処分庁は、本件建物の設計概要書及び各階平面図によれば、事務所等と共同住宅の構造及び設備には明らかな差異が認められる旨主張する。

　しかしながら、本件建築費の見積額を基に、当審判所において試算したところ、別表2のとおり、①課税資産（事務所等）の譲渡等にのみ要する金額（31,774,984円）とその他の資産（共同住宅）の譲渡等にのみ要する金額（20,579,609円）との割合（およそ6：4）は、各用途ごとの使用面積（事務所等681.99平方メートル、共同住宅248.75平方メートル）の割合（およそ7：3）と比較して、さほど明確な差異はなく、かつ、②共通の資産の譲渡等に要する金額（263,745,407円）が、本件建築費の見積額（316,100,000円）のうちの大部分を占めることから、本件建物の建築費全体に対して、本件使用面積割合に基づいてした本件の課非区分は合理的と認められる。…

　上記の裁決文を単純に文理解釈すると、下記の①と②の要件を満たすものであれば、床面積割合により、共通対応分となる建物の建築費を区分することができるように読めなくもありません。

①　貸事務所等と共同住宅について、建築原価と床面積割合の差が10％程度であること
②　共通対応分に区分される建築原価が物件の建築費の大部分を占めること

　建設会社から資料が入手できるのであれば、建築費の内訳は徹底的に区分すべきあるという考え方と、あらかたが共通対応分に区分される建築費であるならば、床面積割合による区分も合理的であるのだから認められてしかるべきという考え方…どちらも一長一短あるようです。

　私見ではありますが、共同住宅の場合には、風呂などの給排水設備に費用がかかるので、店舗や事務所と比較して建築コストは増加するものと思われます。であるならば、いわゆる特別仕様の部分だけは非課税（課税）売上対応分に区分して、共通対応分となる基礎工事、駆体工事、外装工事等の費用だけを床面積割合であん分するといったような、ある程度の精密さは必要ではないでしょうか？

　手間はかかりませんが、単純に床面積割合によるあん分計算は、否認リスクが高いものと覚悟する必要がありそうです。

2 ◆ 資本的支出

　居住用賃貸建物に対する資本的支出がある場合には、その金額も「居住用賃貸建物に係る課税仕入れ等の税額」に含まれます。ただし、以下の場合のように、その資本的支出自体が居住用賃貸建物の課税仕入れ等に該当しない場合には、仕入税額控除の制限はありません（消基通11－7－5）。

①　建物に係る資本的支出の金額が1,000万円未満であることなどの理由により、高額特定資産に該当しない場合

② 店舗のように、居住用賃貸部分でない建物に対する支出であることが明らかな場合
　＊資本的支出……事業の用に供されている資産の修理、改良等のために支出した金額のうち、その資産の価値を高め、又はその資産の耐久性を増すことになると認められる部分に対応する金額をいいます。

4　調整税額の計算

1 ◆ 調整税額の計算方法

　居住用賃貸建物の仕入日から第3年度の課税期間の末日までの間（調整期間）に、居住用賃貸建物の全部又は一部を課税賃貸用に供した場合又は譲渡した場合には、それまでの賃貸料収入と売却価額を基礎として計算した額を、第3年度の課税期間又は譲渡日の属する課税期間の仕入控除税額に加算して調整することとされています（改消法35の2）。

【留意点】
① 「第3年度の課税期間」とは、「居住用賃貸建物の仕入日の属する課税期間の初日から3年を経過する日の属する課税期間」をいう（改消法35の2③）。
② 居住用賃貸建物の仕入日から第3年度の課税期間の末日までの期間を「調整期間」という（改消法35の2①）。
③ 居住用賃貸建物の仕入日から物件の売却日までの期間を「課税譲渡等調整期間」という（改消法35の2③）。

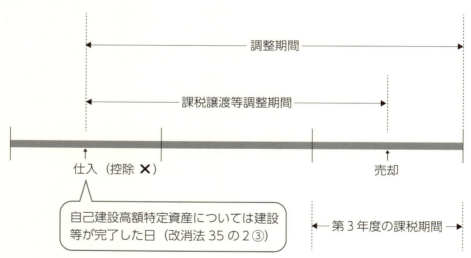

④ 下記に該当する場合（みなし譲渡）にも税額調整の規定が適用される（改消法35の2②後段かっこ書）。

> ⅰ　個人事業者が居住用賃貸建物を家事用に転用したとき
> ⅱ　法人が居住用賃貸建物を役員に贈与したとき

※みなし譲渡における対価の額の計算方法については125～126頁をご参照ください。

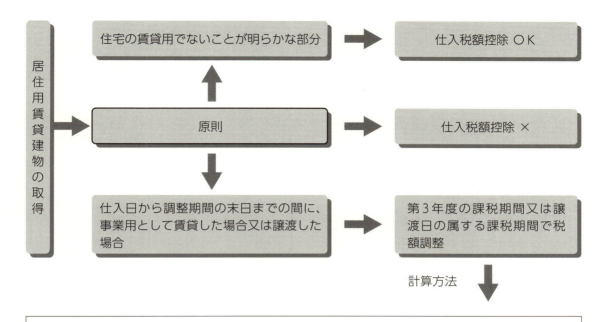

○居住用賃貸建物を調整期間中に課税賃貸用に供した場合（改消法35の2①③）

居住用賃貸建物に課された消費税額×課税賃貸割合＝調整税額

$$\frac{\text{分母のうち、事業用（課税）家賃収入の合計額}}{\text{居住用賃貸建物の調整期間中の家賃収入の合計額}}$$

（注）「課税賃貸割合」は、調整期間中に発生した家賃収入の値引額等を控除して計算する（改消令53の2①）

○居住用賃貸建物を調整期間中に売却した場合（改消法35の2②③）

居住用賃貸建物に課された消費税額×課税譲渡等割合＝調整税額

$$\frac{\text{居住用賃貸建物の課税譲渡等調整期間中の家賃収入の合計額のうち、事業用（課税）家賃収入の合計額} + \text{居住用賃貸建物の売却収入}}{\text{居住用賃貸建物の課税譲渡等調整期間中の家賃収入の合計額} + \text{居住用賃貸建物の売却収入}}$$

（注）「課税譲渡等割合」は、課税譲渡等調整期間中に発生した家賃収入と居住用賃貸建物の売却収入の値引額等を控除して計算する（改消令53の2②）

2 ◆ 居住用賃貸建物を合理的に区分した場合

上記 3 1 により、居住用賃貸建物を合理的に区分した場合には、居住用賃貸部分についてのみ、仕入税額控除が制限されることとなりますので、調整税額の計算も、居住用賃貸部分についてだけすることになります（改消令53の4①）。

3 ◆ 自己建設高額特定資産の取扱い

　自己建設高額特定資産が居住用賃貸建物に該当する場合には、原材料費や経費となる課税仕入高（税抜）の累計額が1,000万円以上となった課税期間以後の課税期間中に発生した課税仕入れについてのみ、仕入税額控除を制限することとしています（改消令50の2②）。

　したがって、調整税額の計算についても、その制限された税額についてだけすることになります（改消令53の4②）。

4 ◆ 課税賃貸用の意義

　居住用賃貸建物に対する税額調整は、居住用賃貸建物を住宅以外の用途で貸し付けた場合でなければ適用できません。したがって、居住用賃貸建物に関連する駐車場の賃貸収入や水道代収入などの課税収入があったとしても、建物を住宅以外の用途で貸し付けたという事実がない限り、税額調整はできないことになります（消基通12－6－1）。

5 ◆ 課税業務用に転用した場合の取扱い

　貸店舗などの課税業務用調整対象固定資産を3年以内に居住用（非課税業務用）に転用した場合には、転用日の属する課税期間で税額調整が必要となります。

　これに対し、非課税業務用調整対象固定資産に該当する「居住用賃貸建物」を3年以内に課税業務用に転用したとしても、居住用賃貸建物についてはそもそも仕入税額控除の規定が適用されませんので、非課税業務用調整対象固定資産を課税業務用に転用した場合の仕入税額控除の調整もできないことになります。

　居住用賃貸建物を取得して、第3年度の課税期間の末日までに課税業務用に転用した場合には、転用日以後に発生する課税家賃収入をベースに計算した「課税賃貸割合」により調整税額を計算することになります。

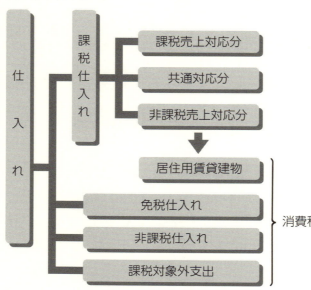

6 ◆ 中途で売却した場合の取扱い

　居住用賃貸建物に対する「課税賃貸割合」による税額調整は、居住用賃貸建物を第3年度の課税期間の末日において保有していなければ適用できません。よって、居住用賃貸建物を売却したことにより第3年度の課税期間の末日に保有していない場合には、「課税賃貸割合」による税額調整ではなく、「課税譲渡等割合」により調整税額を計算することになります（消基通12-6-2）。

　なお、居住用賃貸建物を中途で除却した場合には、「課税賃貸割合」と「課税譲渡等割合」のいずれの割合による税額調整もできないこととなりますのでご注意ください。

第3年度の課税期間の末日において売却済の場合	「課税譲渡等割合」により調整税額を計算
第3年度の課税期間の末日において除却済の場合	税額調整はできない

5 　計算例

計算例1　物件を調整期間の末日まで保有している場合

　x1年度中に1,100,000（税込）で賃貸物件を取得した場合のx3年度における調整税額は次のように計算する（単位：省略）。

　なお、x1年度からx3年度までの家賃収入（税抜）は下記のようになっており、入居者の募集広告は「居住用・事務所…」としていることから、当該物件についてはx1年度において仕入税額控除の対象とはしていない。

（年度）	（課税される家賃収入）	（家賃収入合計）
x1年度	1,600,000	2,000,000
x2年度	3,000,000	10,000,000
x3年度	800,000	8,000,000

(1) 課税賃貸割合

$$\frac{1,600,000＋3,000,000＋800,000}{2,000,000＋10,000,000＋8,000,000} ＝ 27\%$$

(2) 調整税額

① 賃貸物件に課された消費税額

$$1,100,000 \times \frac{7.8}{110} ＝ 78,000$$

② x3年度の調整前の税額に加算する税額

$$78,000 \times 27\% ＝ 21,060$$

Ⅲ　居住用賃貸建物に対する仕入税額控除の制限（令和2年度改正）　45

計算例2　物件を調整期間中に売却した場合

> ×1年度中に1,100,000（税込）で販売用の居住用現住建造物を取得し、×2年度において1,320,000（税込）で売却した場合の×2年度における調整税額は次のように計算する（単位：省略）。
>
> なお、物件の取得時から売却時までの家賃収入は300,000である。

(1) 課税譲渡等割合

$$1,320,000 \times \frac{100}{110} = 1,200,000$$

$$\frac{1,200,000}{1,200,000 + 300,000} = 80\%$$

(2) 調整税額

① 賃貸物件に課された消費税額

$$1,100,000 \times \frac{7.8}{110} = 78,000$$

② ×2年度の調整前の税額に加算する税額

$$78,000 \times 80\% = 62,400$$

6　改正法の効果

販売目的で居住用の現住建造物を取得した場合には、その取得費は、非課税となる家賃収入と物件売却時に発生する建物売却金額のいずれにも対応するため、旧法では課税非課税共通用の課税仕入れに区分することとなります。

結果、取得費のうち、課税売上割合分しか仕入税額控除が認められていなかったのですが、本改正により、建物の売却金額を反映させたところで税額調整ができることとなりました。

よって、取引の実態に即した改正であると評価することができそうです。

7　適用時期

本改正は令和2年10月1日以後の取得物件について適用されます。ただし、令和2年3月31日までに契約した物件については適用しないこととされています（令和2年改正法附則44）。

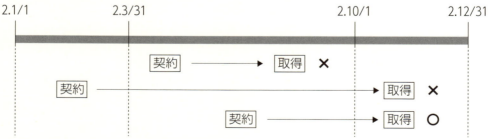

※上図のうち、「×」は改正法の適用がなく、「○」は改正法の適用がある

Ⅳ 高額特定資産に該当する棚卸資産に対する３年縛りの適用（令和2年度改正）

　消費税法12条の４（高額特定資産を取得した場合の納税義務の免除の特例）では、「…簡易課税制度の適用を受けない課税期間中に高額特定資産の仕入れ等を行つた場合…」と規定しています。つまり、本則課税の適用期間中に高額特定資産を取得した場合に限り、３年縛りの規定が適用されることになるのです。

　これに対し、消費税法36条（納税義務の免除を受けないこととなつた場合等の棚卸資産に係る消費税額の調整）では、「棚卸資産に係る調整税額を、課税事業者となった課税期間の仕入れに係る消費税額の計算の基礎となる課税仕入れ等の税額とみなす…」と規定しており、「課税事業者となった課税期間において課税仕入れを行ったものとみなす」といったような規定ぶりにはなっていません。

　したがって、税額調整の対象となる期首棚卸資産が高額特定資産に該当したとしても、旧法の下では３年縛りの規定は適用されないことになるのです。

　そこで、高額特定資産に該当する棚卸資産について、免税事業者が課税事業者となった場合の税額調整措置を適用する場合には、当該棚卸資産に係る課税仕入れについても３年縛りの規定を適用することとなりました（改消法12の４②、37③四）。

1 棚卸資産の税額調整

　販売用の建物は棚卸資産に該当しますので、免税事業者の期間中に仕入れた物件を課税事業者になった時点で保有している場合には、その棚卸資産に課された消費税額を課税仕入れ等の税額に加算することができます。ただし、高額特定資産に該当する棚卸資産については、令和２年度の改正で「３年縛り」の対象とされたことにご注意ください。

1 ◆ 免税事業者が課税事業者になった場合の期首棚卸資産の税額調整

　仕入控除税額の計算にあたっては、期首の在庫や期末の在庫、売上原価は一切関係ありません。当該課税期間中の仕入金額を基に税額計算を行うのは既に周知のとおりです。

　しかし、前期まで免税事業者だった事業者が、当期から課税事業者になるような場合には、期首の棚卸資産は免税事業者の時代に仕入れたものであり、税額控除はしていないものです。これを課税事業者になってから販売した場合には、その売上げについてだけは消費税が課税されることとなってしまい、継続して課税事業者である事業者と比べ、不利な扱いを受けることとなってしまいます。

　そこで、免税事業者が課税事業者となり、本則課税により仕入控除税額を計算する場合には、売上げに対する消費税とのバランスをとるために、例外的に期首の在庫についての税額控除を認めることとしたものです。

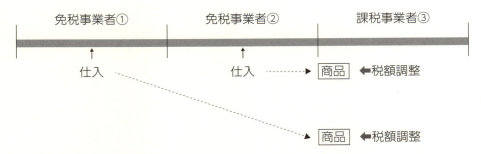

※課税事業者となる直前期（②）の仕入商品だけでなく、免税期間中に取得した棚卸資産はすべて税額調整の対象とすることができる。

　なお、期首棚卸資産に係る税額調整の規定は、基準期間の課税売上高が免税点を超えたことにより強制的に課税事業者となる場合の他、免税事業者が「課税事業者選択届出書」を提出したことにより、いわば自発的に課税事業者となるような場合であっても当然に適用されることになります。

2 ◆ 課税事業者が免税事業者になる場合の期末棚卸資産の税額調整

　課税事業者を選択している事業者が「課税事業者選択不適用届出書」を提出した場合や基準期間の課税売上高が免税点以下となったことにより、翌期から免税事業者となるような場合には、期末の棚卸資産は免税事業者となってから販売するものであり、その売上げについては消費税は課税されないことになります。しかし、その期末棚卸資産を仕入れたのは課税事業者のときであり、その棚卸資産については、販売の有無に関係なく、課税仕入れの時点で仕入税額控除の対象とされることになります。

　そこで、売上げに対する消費税とのバランスをとるために、本則課税を適用している事業者が翌期から免税事業者になる場合には、期末棚卸資産のうち、当課税期間中に仕入れたものについては仕入税額控除を制限することとしたものです。

　なお、課税事業者が翌期から免税事業者になるケースでは、その課税事業者である最後の課税期間中に仕入れた棚卸資産だけが税額調整の対象とされるのであり、前期以前に仕入れたもののうち、期末に在庫として保有するものについてまで調整をする必要はありません。

　次頁の図のようなケースであれば、②の課税期間の末日において保有する棚卸資産のうち、②の課税期間中に仕入れたものだけが税額調整の対象とされることになるのです。

　①の課税期間中に仕入れた棚卸資産のうち、②の課税期間の末日において保有するものがあったとしても、これについては①の課税期間においてすでに税額控除は完結しているのであり、調整をする必要はないということです。

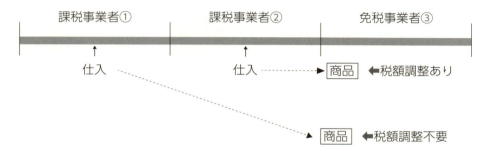

　たとえば、3月決算法人が課税期間を3か月単位に短縮しているような場合であれば、最後の課税期間である1～3月課税期間中に仕入れた棚卸資産のうち、3月末時点で在庫として保有しているものだけが税額調整の対象とされることになるのです。

2　適用時期

　本改正は、令和2年4月1日以後に棚卸資産の調整措置の適用を受けた場合について適用することとされています（令和2年改正法附則42）。したがって、令和2年3月31日までに税額調整の対象とした棚卸資産については3年縛りの制約はありません。

■改正法が適用されるケース

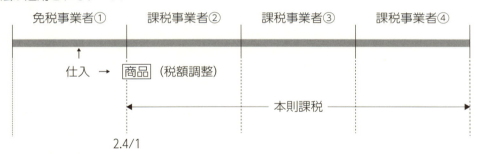

■改正法の適用除外となるケース

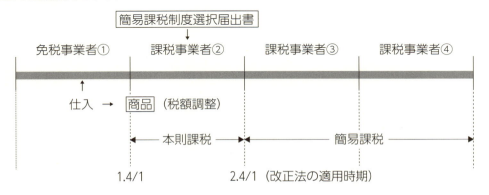

　上図のように、旧法の適用であれば、高額特定資産について「免税→課税」の税額調整をした翌課税期間から簡易課税制度の適用を受けることができます。

3　調整対象自己建設高額資産の取扱い

　免税期間中に自己建設した棚卸資産については、建設等に要した費用の額《原材料費や経費となる課税仕入高（税抜）》の累計額が1,000万円以上となったもの（調整対象自己建設高額資産）についてだけ、3年縛りの規定を適用することとしています。
　したがって、免税期間中の課税仕入高が1,000万円未満の仕掛工事や完成工事などの棚卸資産について「免税 → 課税」の税額調整措置を適用する場合には、3年縛りの規定は適用されません（消基通1－5－29）。
（注）調整対象自己建設高額資産の建設等に要した費用の額には、原材料として使用する調整対象固定資産や自己保有の建設資材等も含まれます（消基通1－5－31）。

1 ◆ 拘束期間

　調整対象自己建設高額資産については、「免税→課税」の税額調整措置を適用した課税期間の<u>翌課税期間から</u>、次の期間までの各課税期間について、本則課税が強制適用となります。

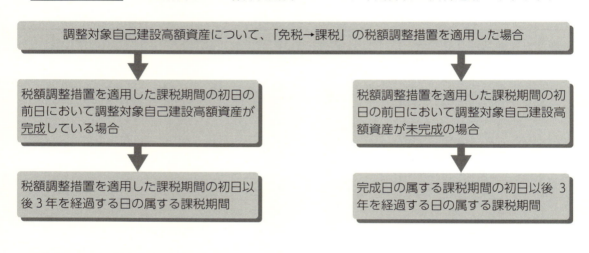

■調整対象自己建設高額資産が完成品の場合

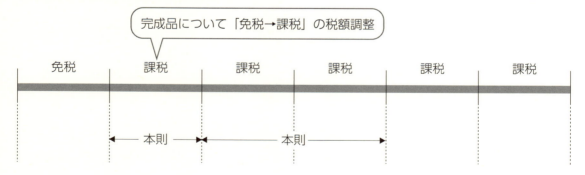

■調整対象自己建設高額資産が未完成の場合

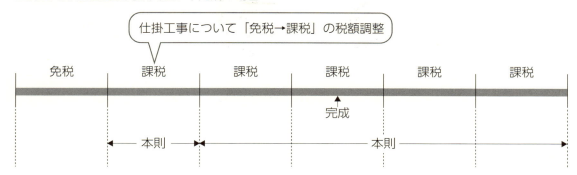

2 ◆ 3年縛りとの関係

　免税期間中の課税仕入高が1,000万円未満の仕掛工事などに「免税→課税」の税額調整措置を適用する場合には、3年縛りの規定は適用されませんが、課税事業者となった後の課税期間において、本則課税の適用期間における課税仕入高の累計が1,000万円以上となった場合には、ここで「自己建設高額特定資産」の仕入れを行ったこととなります。

　よって、この課税期間から3年縛りの規定が適用されることとなることに注意してください（消基通1－5－29（注））。

◆3年縛りとなるケース（　　課税仕入高の累計≧1,000万円）

　税額調整をした②の翌期（③）から完成日の属する課税期間（④）の初日以後3年を経過する日の属する課税期間（⑥）まで、本則課税が強制適用となります。

◆3年縛りが適用されないケース（　　課税仕入高の累計＜1,000万円）

　免税期間中に発生した仕掛工事は1,000万円未満であり、調整対象自己建設高額資産には該

当しません。また、課税事業者となってからの課税仕入高の累計も1,000万円未満（900万円）であり、自己建設高額特定資産に該当しないため、3年縛りの適用はありません。

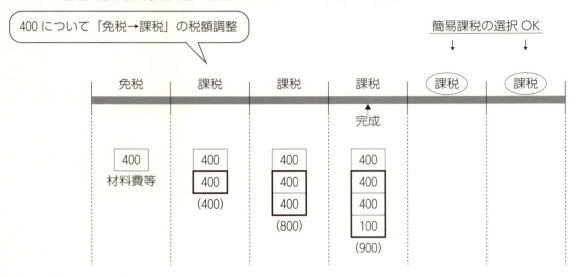

◆3年縛りとなるケース（☐ 課税仕入高の累計≧1,000万円）

　免税期間中に発生した仕掛工事は1,000万円未満であり、調整対象自己建設高額資産には該当しません。ただし、課税事業者となってからの課税仕入高の累計額が1,000万円以上（②＋③＝1,200万円）となるため、③期において、仕掛工事は自己建設高額特定資産に該当することになります。

　結果、③の翌期（④）から完成日の属する課税期間（④）の初日以後3年を経過する日の属する課税期間（⑥）まで、本則課税が強制適用となります。

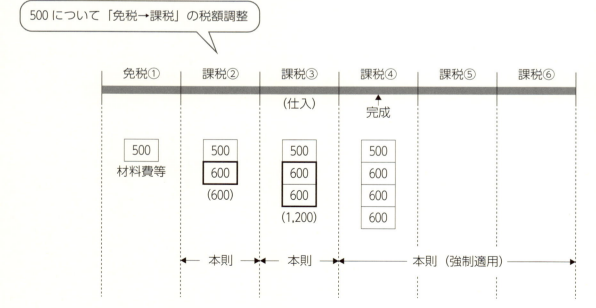

4　居住用賃貸建物との関係

　居住用賃貸建物に該当する棚卸資産について「免税 → 課税」の税額調整措置を適用する場合には、次の日を仕入日として調整税額を計算することになります（改消令53の3）。

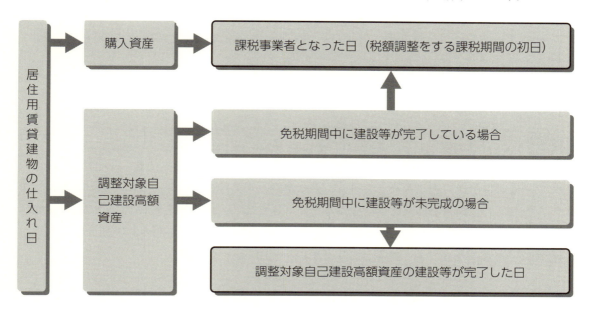

　居住用賃貸建物に該当する棚卸資産については、「免税 → 課税」の税額調整措置を適用したとしても、結果として仕入税額控除はできません。ただし、調整期間中に課税賃貸用に供した場合又は売却した場合には、課税賃貸割合又は課税譲渡等割合により調整税額を計算し、取戻し控除が認められることになります。

■購入資産（課税期間：1年）

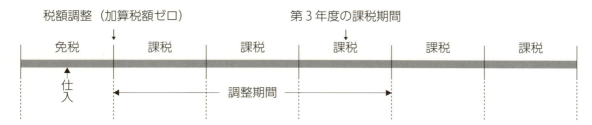

■免税期間中に完成した調整対象自己建設高額資産（課税期間：1年）

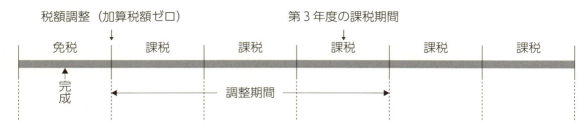

■免税期間中に未完成の調整対象自己建設高額資産（課税期間：1年）

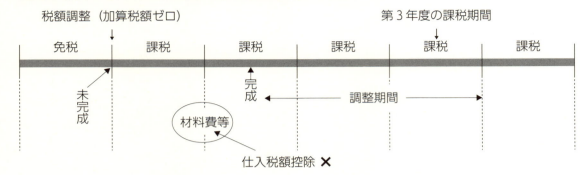

V 免税事業者の消費税還付請求手続

　免税事業者は消費税の申告書を提出することができませんので、どんなに多額の設備投資があったとしても、消費税の還付を受けることができません。免税事業者が消費税の還付を受けるためには、「課税事業者選択届出書」を提出して、設備投資などがある課税期間中にあらかじめ課税事業者になっておく必要があります。

　ただし、建設業における未成工事支出金については、物件の完成時にまとめて控除できる特例がありますので、物件完成時に課税事業者になっていれば、未成工事支出金に累積された材料費や外注費をまとめ控除することができます（建設仮勘定についても、物件完成時にまとめ控除することが認められています）。

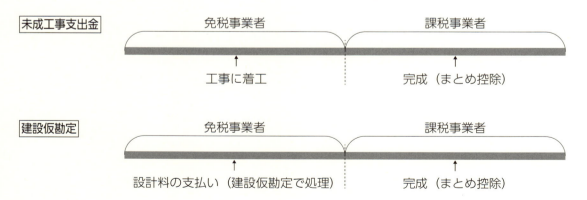

　また、販売用の建物は棚卸資産に該当しますので、免税事業者の期間中に仕入れた物件を課税事業者になった時点で保有している場合には、その棚卸資産に課された消費税額を課税仕入

れ等の税額に加算することができます。ただし、高額特定資産に該当する棚卸資産については、令和2年度の改正で「3年縛り」の対象とされたことにご注意ください。

※未成工事支出金と建設仮勘定の取扱いについては、11〜14頁をご参照ください。

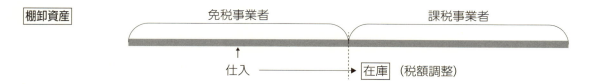

1 課税事業者の選択

　免税事業者は消費税の申告書を提出することができませんので、どんなに多額の設備投資があったとしても、消費税の還付を受けることができません。免税事業者が消費税の還付を受けるためには、「課税事業者選択届出書」を提出して、設備投資などがある課税期間中にあらかじめ課税事業者になっておく必要があります。

※「課税事業者選択（不適用）届出書」については第2部の第1章Ⅰで詳細に解説しています。

事例1　新規開業のケース

　給与所得者であるＡ氏は、遊休地を有効活用すべく、ここに貸倉庫を建築し、賃貸の用に供することを計画している。

　貸倉庫の完成予定日はｘ1年10月末日であり、同年1月中に建築会社と請負金額1億円で契約を締結した。この貸倉庫の賃貸により見込まれる家賃収入は、平年については840万円、ｘ1年中は140万円である。

（相談日：ｘ1年9月10日）

■届出書の提出期限と効力発生時期

届出書の種類	提出すべき課税期間	適用開始課税期間
課税事業者選択届出書	ｘ1年1月1日〜ｘ1年12月31日	ｘ1年1月1日〜ｘ1年12月31日
課税事業者選択不適用届出書	ｘ3年1月1日〜ｘ3年12月31日	ｘ4年1月1日〜ｘ4年12月31日

【ポイント】

① 本則課税の期間中に調整対象固定資産（高額特定資産）を取得した場合の本則課税の拘束期間は3年間となります。

　　したがって、x2年とx3年の申告で簡易課税制度の適用を受けることはできませんので、課税事業者を選択することによる消費税負担額と還付消費税額を比較検討したうえで、還付請求手続を実行する必要があります。

② 非課税売上高がゼロであることから、仕入れ等の課税期間における課税売上割合と通算課税売上割合はともに100％となり、結果、課税売上割合の変動による税額調整の規定は適用されません。

③ 課税事業者を選択しようとする場合には、原則として、適用を受けようとする課税期間が始まる前までに「課税事業者選択届出書」を提出しなければなりませんが、「新規開業」の場合には、事前に提出することが不可能ですので、届出書を提出した日の属する課税期間から課税事業者となることが例外的に認められています。

【スケジュール】

① x1年12月31日までに「課税事業者選択届出書」を提出します。これにより、x1年から課税事業者となることができます。

　　届出書の適用開始課税期間の欄（①欄）に、「自x1年1月1日　至x1年12月31日」と記載するのを忘れないでください。

② x1年分の確定申告で消費税の還付を受けます。

③ 課税事業者となった課税期間の初日（x1年1月1日）から3年を経過する日（x3年12月31日）の属する課税期間の初日（x3年1月1日）以降に「課税事業者選択不適用届出書」を提出することができますので、これをx3年中に提出します。

　　これにより、x4年から免税事業者になることができます。

【アドバイス】

① 税込経理の場合には、消費税の還付金は、不動産所得の計算上、総収入金額に算入することになっています。

　　税抜経理の場合には、仮払消費税等と仮受消費税等の差額を未収入金として計上しますので、消費税の還付金は所得金額の計算に影響しないことになります。したがいまして、還付申告になるような場合には、不動産所得の計算は、面倒でも税抜経理によることをお勧めします。

② 適格請求書等保存方式がスタートする令和5年10月以降は、「課税事業者選択不適用届出書」は提出せずに、適格請求書発行事業者になることを検討してください。

　　令和5年10月以降は、適格請求書発行事業者でなければ外税で賃借人に消費税を請求することはできないものと思われます。適格請求書発行事業者であれば、10％の消費税を請求することは何ら問題ありません。

不動産賃貸業の場合、必要経費は固定資産税や借入金利子、減価償却費など課税仕入れとならないものがほとんどですので、本則課税によった場合、10％の売上税額の大半を納税することになってしまいます。簡易課税制度の適用を受けた場合には、40％のみなし仕入率を適用することができますので、簡易課税制度を活用することにより、いわば合法的に益税を享受することができることになります。

　こうした理由から、課税売上高が1,000万円以下となる事業者であっても、「適格請求書発行事業者の登録申請書」と「簡易課税制度選択届出書」の提出を検討する必要があるものと思われます。

※簡易課税制度については、101～102頁をご参照ください。

【類似事例】 翌年から貸付けを開始するケース

　本事例において、貸倉庫の完成予定日がx１年12月末日であることから賃貸開始がx２年となり、x１年中に家賃収入が発生しない場合には、x１年中の課税売上割合は０％（95％未満）となります。よって、個別対応方式で計算することにより、建物の建築費については課税業務用として全額を仕入税額控除の対象とすることができます（消法46）。

　また、仕入れ等の課税期間において個別対応方式を適用し、課税業務用に区分して計算することから、課税売上割合の変動による税額調整の規定は適用されません。

事例2　請負契約を締結した年の翌年に物件が完成するケース

　給与所得者であるＢ氏は、遊休地を有効活用すべく、ここに貸倉庫を建築し、賃貸の用に供することを計画している。

　貸倉庫の完成予定日はx２年４月末日であり、x１年の９月中に建築会社と請負金額３億円で契約を締結する予定である。

　この貸倉庫の賃貸により見込まれる家賃収入は、平年については2,400万円、x２年中は1,600万円である。

（相談日：x１年９月10日）

■届出書の提出期限と効力発生時期

届出書の種類	提出すべき課税期間	適用開始課税期間
課税事業者選択届出書	x１年１月１日～x１年12月31日	x２年１月１日～x２年12月31日
課税事業者選択不適用届出書	x４年１月１日～x４年12月31日	x５年１月１日～x５年12月31日
課税事業者届出書 （基準期間用）	x３年中に提出しておくのが望ましい	x４年１月１日～x４年12月31日
簡易課税制度選択届出書	x４年１月１日～x４年12月31日	x５年１月１日～x５年12月31日

Ⅴ　免税事業者の消費税還付請求手続　　57

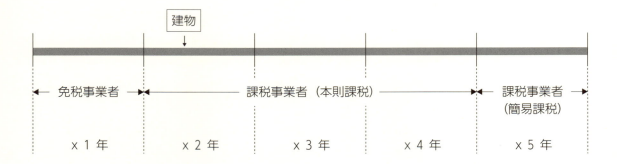

【ポイント】

① 本則課税の期間中に調整対象固定資産（高額特定資産）を取得した場合の本則課税の拘束期間は3年間となります。

　したがって、x3年とx4年の申告で簡易課税制度の適用を受けることはできませんので、課税事業者を選択することによる消費税負担額と還付消費税額を比較検討したうえで、還付請求手続を実行する必要があります。

② 非課税売上高がゼロであることから、仕入れ等の課税期間における課税売上割合と通算課税売上割合はともに100％となり、結果、課税売上割合の変動による税額調整の規定は適用されません。

③ 新規開業の場合には、届出書の提出日の属する課税期間から課税事業者になることができるわけですが、この「新規開業」については、消費税法施行令20条1号で「事業者が国内において課税資産の譲渡等に係る事業を開始した日の属する課税期間」と規定しています。

　注意してほしいのは、「課税資産の譲渡等に係る事業を開始した日」というのは、「課税資産の譲渡等を開始した日」、つまり課税売上げが発生した日を意味するものではないということです。

　『DHCコンメンタール消費税法』（第一法規）によれば、「事業に必要な事務所、店舗等の賃貸借契約の締結や資材、商品の仕入などの開業準備行為を行った日もこれに該当する」とされていますので、その翌課税期間から課税事業者になろうとする場合には、これらの開業準備行為を行った日の属する課税期間中に届出書を提出する必要があるわけです。

　結果、請負契約締結日と建物の完成引渡し日が年をまたぐような場合には、「課税事業者選択届出書」は事前の提出が必要となるのです。本事例のケースでは、x2年中に「課税事業者選択届出書」を提出したのでは間に合いません！

【スケジュール】

① x1年12月31日までに「課税事業者選択届出書」を提出し、x2年から課税事業者となります。

　届出書の適用開始課税期間の欄（①欄）に、「自x2年1月1日 至x2年12月31日」と記載するのを忘れないでください。

② x2年分の確定申告で消費税の還付を受けます。

③　ｘ４年以降は、基準期間（前々年）の課税売上高が1,000万円を超えることから強制的に納税義務者となります。

　　「課税事業者選択届出書」を提出している場合には、「課税事業者届出書」の提出は必要ありません（消基通17－1－1）。しかし、今後何らかの事情により課税売上高が1,000万円以下に減少したような場合には、その２年後においては納税義務が免除されることとなりますので、いったん「課税事業者選択不適用届出書」を提出したうえで、改めて「課税事業者届出書」を提出しておくのが安全かと思われます。

④　「課税事業者選択不適用届出書」はｘ４年以降に提出することができますので、ｘ４年中に本届出書を提出することにより、ｘ５年から課税選択の効力は失効します。

⑤　「課税事業者届出書」には提出期限はありませんが、これを提出しておかないと税務署から申告書が郵送されてきません（メッセージボックスに通知がありません）ので、忘れずに提出するように心がけてください。

⑥　ｘ５年分から簡易課税で計算するためには、「簡易課税制度選択届出書」をｘ４年中に提出する必要があります。

　　届出書の適用開始課税期間の欄（①欄）に、「自ｘ５年１月１日 至ｘ５年12月31日」と記載するのを忘れないでください。

2　課税期間の短縮

　「課税事業者選択届出書」を期限までに提出できなかった場合には、建物の完成前であれば、課税期間を短縮することにより、消費税の還付を受けることができます。

※「課税期間特例選択・変更（不適用）届出書」については第２部第１章Ⅲで詳細に解説しています。

事 例　期間短縮のケース

　給与所得者であるＡ氏は、遊休地を有効活用すべく、ここに貸倉庫を建築し、賃貸の用に供することを計画している。

　貸倉庫の完成予定日はｘ１年10月末日であり、ｘ１年の１月中に建築会社と請負金額１億円で契約を締結した。

　この貸倉庫の賃貸により見込まれる家賃収入は、平年については840万円、ｘ１年中は140万円である。

　なお、Ａ氏は、給与収入の他に年額60万円の貸駐車場（アスファルト舗装及び区画整理のしてあるもの）の収入がある。

（相談日：ｘ１年９月10日）

Ⅴ　免税事業者の消費税還付請求手続　59

■届出書の提出期限と効力発生時期

届出書の種類	提出すべき課税期間	適用開始課税期間
課税期間特例選択・変更届出書	x1年1月1日～x1年9月30日	x1年10月1日～x1年12月31日
課税事業者選択届出書	x1年1月1日～x1年9月30日	x1年10月1日～x1年12月31日
課税事業者選択不適用届出書	x4年7月1日～x4年9月30日	x4年10月1日～x4年12月31日
課税期間特例選択不適用届出書	x4年7月1日～x4年9月30日	x4年10月1日～x4年12月31日

【ポイント】

① 本事例は貸駐車場収入が以前からあるため、新規開業とはなりません。

　したがって、x1年10月中に完成する建物の建築費について消費税の還付を受けるためには年の中途より課税事業者になる必要がありますので、課税期間を短縮したうえで、課税事業者を選択することになります。

　消費税の世界では、所得税と違って「事業」の規模は関係ないため、たとえ貸駐車場1台であっても、これを賃貸し、賃貸収入を得ているような場合には「新規開業」には該当しないことに注意してください。

② 本則課税の期間中に調整対象固定資産（高額特定資産）を取得した場合の本則課税の拘束期間は3年間となります。

　したがって、x2年1月1日～x4年9月30日までの申告で簡易課税制度の適用を受けることはできませんので、課税事業者を選択することによる消費税負担額と還付消費税額を比較検討したうえで、還付請求手続を実行する必要があります。

③ 非課税売上高がゼロであることから、仕入れ等の課税期間における課税売上割合と通算課税売上割合はともに100％となり、結果、課税売上割合の変動による税額調整の規定は適用されません。

※第3年度の課税期間は、「x4年7月1日～x4年9月30日」です。

> 仕入れ等の課税期間（x1年10月1日～x1年12月31日）の開始日（x1年10月1日）から3年を経過する日（x4年9月30日）の属する課税期間（x4年7月1日～x4年9月30日）が第3年度の課税期間となります。

【スケジュール】

① ｘ１年９月30日までに「課税期間特例選択・変更届出書」を提出し、課税期間を10月１日から３か月ごとに区切ります。

② ｘ１年９月30日までに「課税事業者選択届出書」を提出することにより、10月１日から課税事業者となることができます。

　届出書の適用開始課税期間の欄（①欄）に、「自ｘ１年10月１日 至ｘ１年12月31日」と記載するのを忘れないでください。

③ ｘ１年10月１日～12月31日期間の確定申告で消費税の還付を受けます。

④ 「課税事業者選択不適用届出書」は、ｘ４年７月１日～９月30日課税期間以後に提出することができますので、この課税期間中に届出書を提出することにより、ｘ４年10月１日より免税事業者となることができます。

　※「適格請求書発行事業者の登録申請書」と「簡易課税制度選択届出書」の提出も検討してください。

⑤ 「課税期間特例選択不適用届出書」は、ｘ３年７月１日～９月30日課税期間以後に提出することができますが、課税事業者として拘束されるｘ４年７月１日～９月30日課税期間までは、期間短縮を継続する必要があります。

　(注) ｘ３年中に「課税期間特例選択不適用届出書」を提出した場合には、ｘ４年から暦年単位の課税期間に戻ることになりますが、この場合、「課税事業者選択不適用届出書」の効力はｘ５年から生ずることとなり、上記④に比べて不利になってしまいます。

　なお、ｘ４年10月１日～12月31日課税期間については申告義務がないわけですが、後々のトラブルを避けるためにも「課税期間特例選択不適用届出書」を提出し、課税期間を暦年サイクルに戻しておくことをお勧めします。

3 棚卸資産の税額調整

　販売用の建物は棚卸資産に該当しますので、免税事業者の期間中に仕入れた物件を課税事業者になった時点で保有している場合には、その棚卸資産に課された消費税額を課税仕入れ等の税額に加算することができます。ただし、高額特定資産に該当する棚卸資産については、令和２年度の改正で「３年縛り」の対象とされたことにご注意ください（Ⅳ参照）。

事 例 免税事業者が高額特定資産に該当する棚卸資産を取得した場合

　Ａ社は資本金300万円で設立した12月決算法人であり、設立事業年度（ｘ１年度）とその翌事業年度（ｘ２年度）は免税事業者に該当する。

　Ａ社は、ｘ２年度において販売用の建物（棚卸資産）を2,000万円で取得し、これをｘ３年度において販売する計画である。

Ⅴ　免税事業者の消費税還付請求手続　61

A社の各事業年度における課税売上高が次のように免税点を上下する場合、各種届出書の提出期限はどのようになるか？

年度	課税売上高
×1年度	1,000万円超
×2年度	1,000万円以下
×3年度	1,000万円超
×4年度	1,000万円以下

■届出書の提出期限と効力発生時期

届出書の種類	提出すべき課税期間	適用開始課税期間
課税事業者届出書（基準期間用）	×2年度中に提出しておくのが望ましい	×3年1月1日～×3年12月31日
高額特定資産の取得に係る課税事業者である旨の届出書	×3年度中に提出しておくのが望ましい	×4年1月1日～×4年12月31日
納税義務者でなくなった旨の届出書	×5年度中に提出しておくのが望ましい	×6年1月1日～×6年12月31日

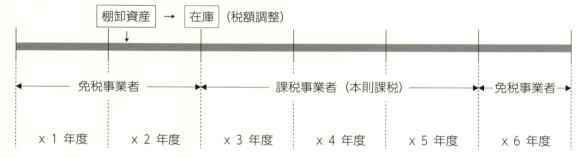

【ポイント】

① 高額特定資産に該当する棚卸資産につき、税額調整をした場合の本則課税の拘束期間は3年間となります。したがって、×4年度と×5年度の申告で簡易課税制度の適用を受けることはできません。

> 高額特定資産を取得したことにより3年縛りとなる課税期間において、基準期間における課税売上高が1,000万円以下となる課税期間がある場合には、「高額特定資産の取得に係る課税事業者である旨の届出書」を速やかに提出することとされています（改消法57①二の二）。

② 本則課税の適用期間中に調整対象固定資産を仕入れたわけではありませんので、課税売上割合の変動による税額調整の規定は適用されません。

VI　課税事業者の消費税還付請求手続

　本則課税適用事業者については、何ら特別な届出をせずとも自動的に消費税の還付を受けることができます。一方、簡易課税適用事業者の場合には、事前に「簡易課税制度選択不適用届出書」を提出し、仕入控除税額の計算を本則課税に変更しておく必要があります。
※「簡易課税制度選択（不適用）届出書」については第2部第1章Ⅱで詳細に解説しています。

事例　簡易課税適用事業者が還付を受けるケース

　12月決算法人であるA社は、簡易課税により消費税の申告をしていたが、翌期（x2年1月1日～x2年12月31日）の12月中に建物を1億円で取得する予定であるため、消費税の還付を受けたいと考えている。

■届出書の提出期限と効力発生時期

届出書の種類	提出すべき課税期間	適用開始課税期間
簡易課税制度選択不適用届出書	x1年1月1日～ x1年12月31日	x2年1月1日～ x2年12月31日
簡易課税制度選択届出書	x4年1月1日～ x4年12月31日	x5年1月1日～ x5年12月31日

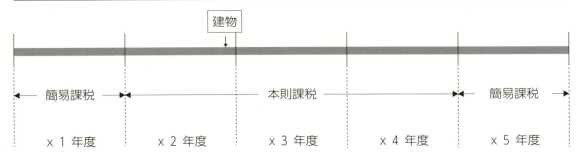

【ポイント】
　本則課税の期間中に高額特定資産を取得した場合の本則課税の拘束期間は3年間となります。
　したがって、x3年とx4年の申告で簡易課税制度の適用を受けることはできませんので、本則課税を選択することにより増加する消費税相当額と還付消費税額を比較検討したうえで、還付請求手続を実行する必要があります。

【スケジュール】
①　x1年12月31日までに「簡易課税制度選択不適用届出書」を提出し、計算方法を本則に変

更します。
② x2年1月1日～x2年12月31日事業年度の確定申告で消費税の還付を受けます。
③ x4年1月1日～x4年12月31日事業年度中に「簡易課税制度選択届出書」を提出することにより、x5年1月1日～x5年12月31日事業年度から再び簡易課税により申告することができます。

なお、x6年1月1日～x6年12月31日事業年度については簡易課税が強制適用されることになります。

【類似事例】期間短縮制度の活用 or 事業年度の変更

本事例において、x2年1月1日～x2年12月31日事業年度になってから建物の取得が確定した場合には、x2年9月30日までであれば3か月の期間短縮制度、11月30日までであれば1か月の期間短縮制度を活用することにより、「簡易課税制度選択不適用届出書」を提出して本則計算に変更することができます。

また、決算期変更により、「簡易課税制度選択不適用届出書」を提出するという方法もあります。

事業年度の変更は、株主（社員）総会の決議事項であり、登記などの手続は必要ありません。株主（社員）総会でその旨を決議し、株主（社員）総会議事録を作成しておけばよいわけです。

私見ではありますが、中小企業にとって、消費税の還付が受けられるか否かは重要な問題であり、そのためには事業年度を変更することもやむを得ないことであると考えます。

＜決算期変更のスケジュール＞
① 12月決算から11月決算に変更するために「事業年度の変更届出書」を提出し、課税期間をx2年11月30日で区切ったうえで「簡易課税制度選択不適用届出書」を提出します

届出書の適用開始課税期間の欄（①欄）に「自x2年12月1日 至3年11月30日」と記載するのを忘れないでください。
② 建物が完成するx2年12月1日～x3年11月30日課税期間（事業年度）の確定申告で消費税の還付を受けます。

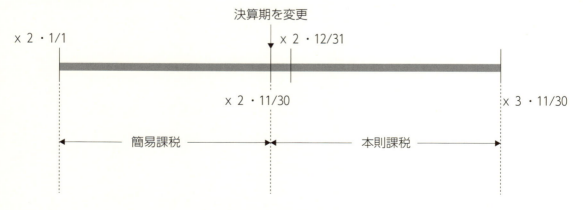

Ⅶ 新設法人の消費税還付請求手続

　資本金が1,000万円以上の新設法人は、基準期間がない設立事業年度とその翌事業年度において免税事業者となることはできません。ただし、設立3期目については、設立事業年度が基準期間となることから、基準期間における課税売上高又は特定期間である2期目の上半期中の課税売上高等により納税義務を判定することになります。

　また、設立事業年度が1年未満の新設法人が、設立事業年度から簡易課税を選択した場合には、拘束期間が3期目にまで及ぶこととなりますのでご注意ください。

※新設法人については第2部の第3章Ⅵ、平成23年度改正法による納税義務の判定については第2部の第3章Ⅱ、「簡易課税制度選択（不適用）届出書」については第2部の第1章Ⅱで詳細に解説しています。

事例 1 　新設法人が設立3期目に還付を受けるケース

　資本金1,000万円で、株式会社（Ａ社）をｘ1年11月1日に設立したが、設立事業年度（ｘ1年11月1日〜ｘ1年12月31日）の翌々事業年度（ｘ3年1月1日〜ｘ3年12月31日）である来期中に建物を1億円で取得する予定であるため、消費税の還付を受けたいと考えている。

　Ａ社の事業年度は毎年1月1日から12月31日までであり、設立事業年度においては開業準備のため、課税売上高はゼロであった。

　なお、Ａ社は「消費税の新設法人に該当することとなった事業年度開始の日」を記載した「法人設立届出書」を設立事業年度中に提出している。

ケース 1 　特定期間中の課税売上高と給与支払額のいずれもが1,000万円以下の場合

■届出書の提出期限と効力発生時期

届出書の種類	提出すべき課税期間	適用開始課税期間
課税事業者選択届出書	ｘ2年1月1日〜 ｘ2年12月31日	ｘ3年1月1日〜 ｘ3年12月31日

Ⅶ　新設法人の消費税還付請求手続　65

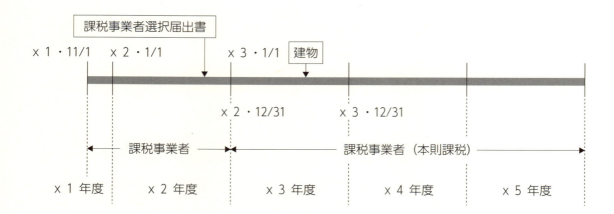

【ポイント】

① 期首の資本金が1,000万円以上の基準期間のない新設法人は、たとえ基準期間がなくとも納税義務は免除されません。

　この規定は、「基準期間のない新設法人」についてだけ適用されるものですから、たとえ、設立事業年度とその翌事業年度において課税事業者となったとしても、基準期間がある3期目以降の事業年度については、原則により、その基準期間における課税売上高で納税義務を判定することになります。

> 設立事業年度から課税事業者となる新設法人は、所轄税務署長に「消費税の新設法人に該当する旨の届出書」を提出することとされています（消法57②）。
> 一方、新たに法人を設立した場合には、資本金の額に関係なく、法人税法において「法人設立届出書」を設立の日以後2か月以内に提出することになっていますので、この法人設立届出書に「消費税の新設法人に該当することとなった事業年度開始の日」を記載すれば、「消費税の新設法人に該当する旨の届出書」は提出しなくてよいこととされています（消基通1－5－20）。

② 本事例の場合、x3年1月1日～x3年12月31日事業年度については設立事業年度が基準期間となり、この基準期間の課税売上高はゼロですから年換算しても1,000万円以下となります。

　また、特定期間（x2年1月1日～x2年6月30日）中の課税売上高と給与支払額のいずれもが1,000万円以下なので免税事業者となります。

　したがって、還付を受けようとする事業年度開始の日の前日までに「課税事業者選択届出書」を提出し、課税事業者となっておく必要があるわけです。

③ 本則課税の期間中に高額特定資産を取得した場合の本則課税の拘束期間は3年間となります。

　したがって、x3年度～x5年度の申告で簡易課税制度の適用を受けることはできません。

【アドバイス】

　本事例において、仮に課税事業者を選択しない場合には、x3年1月1日～x3年12月31日事業年度は免税事業者となります。この場合には、「消費税の納税義務者でなくなった旨の届出書」は提出する必要はありません。

　これとは逆に、新設法人の特例により設立事業年度とその翌事業年度が課税事業者となった事業者が、設立3期目において、基準期間における課税売上高又は特定期間中の課税売上高等が事業者免税点を超えたことにより、いわば原則判定で課税事業者となるような場合には、「課税事業者届出書」は改めて提出することとなっていますので注意してください。

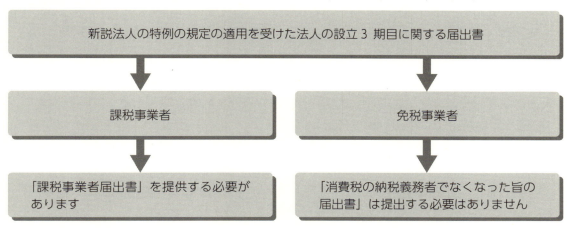

ケース2　特定期間中の課税売上高と給与支払額のいずれかが1,000万円を超える場合

■届出書の提出期限と効力発生時期

届出書の種類	提出すべき課税期間	適用開始課税期間
課税事業者届出書（特定期間用）	x2年中に提出しておくのが望ましい	x3年1月1日～x3年12月31日

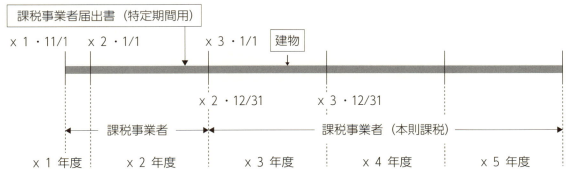

【ポイント】

　設立第3期の基準期間である設立事業年度の課税売上高はゼロですが、特定期間（x2年1月1日〜x2年6月30日）の課税売上高と給与支払額のいずれかが1,000万円を超える場合には、設立第3期から課税事業者になることができます。この場合において、特定期間の課税売上高は、年換算（2倍）する必要はありません。

※平成23年度改正法による納税義務の判定については第2部の第3章Ⅱで詳細に解説しています。

事例2　新設法人が設立事業年度から簡易課税を選択した結果、還付を受けられないケース

　資本金1,000万円で、株式会社（B社）をx1年11月1日に設立し、設立事業年度（x1年11月1日〜x1年12月31日）中に「簡易課税制度選択届出書」を提出して設立事業年度から簡易課税により消費税の申告をしていたが、設立3期目である翌期（x3年1月1日〜x3年12月31日）の8月中に建物を1億円で取得する予定であるため、消費税の還付を受けたいと考えている。

　B社の事業年度は毎年1月1日から12月31日までであり、設立事業年度の課税売上高は600万円であった。

　なお、B社は「消費税の新設法人に該当することとなった事業年度開始の日」を記載した「法人設立届出書」を設立事業年度中に提出している。

（相談日：x2年9月10日）

■届出書の提出期限と効力発生時期

届出書の種類	提出すべき課税期間	適用開始課税期間
課税事業者届出書（基準期間用）	x2年中に提出しておくのが望ましい	x3年1月1日〜x3年12月31日

【ポイント】

　還付を受けることはできません！

　なお、x3年1月1日〜x3年12月31日事業年度の基準期間は設立事業年度となり、設立事業年度の課税売上高は、年換算した金額が1,000万円を超えることから、x3年1月1日〜x3年12月31日事業年度については課税事業者となります。

　　600万円×12／2＝3,600万円＞1,000万円

　新設法人については、設立事業年度中に「簡易課税制度選択届出書」を提出することにより、設立事業年度あるいはその翌事業年度のどちらからでも簡易課税により計算することが認められています（消令56一、消基通1-5-19、13-1-5）。

「簡易課税制度選択届出書」を提出した場合には、簡易課税の適用を受けた課税期間の初日から2年を経過する日の属する課税期間の初日以後でなければ「簡易課税制度選択不適用届出書」を提出することはできません。

したがって、本事例の場合には、簡易課税の適用を受けた課税期間の初日（x1年11月1日）から2年を経過する日（x3年10月31日）の属する課税期間（翌期）の初日（x3年1月1日）以後でなければ「簡易課税制度選択不適用届出書」は提出できないことになり、翌期中に「簡易課税制度選択不適用届出書」を提出した場合には、さらにその翌期（x4年1月1日～x4年12月31日）から簡易課税の効力はなくなることになります。

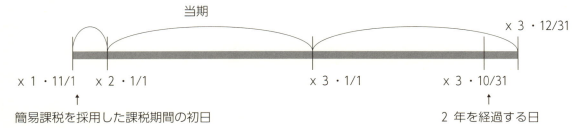

設立事業年度が1年未満の新設法人が、設立事業年度から簡易課税を選択した場合には、原則として3期目の末日までの期間は簡易課税が強制適用となることに注意してください。

また、課税期間を短縮したとしても、「簡易課税制度選択不適用届出書」を提出できるのは、2年を経過する日（x3年10月31日）の属する課税期間の初日以後となりますので、x3年8月中に予定されている建物の取得について、消費税の還付を受けることはできません。

ところで、上記の事例において、設立事業年度（x1年11月1日～x1年12月31日）の課税売上高が1,000万円だったとしたらどうでしょう？
年換算した金額は、次のようになります。

 1,000万円×12／2＝6,000万円＞5,000万円

結果、x3年1月1日～x3年12月31日課税期間においては、基準期間における課税売上高が簡易課税制度の適用上限額の5,000万円を超えてしまうので、
  「簡易課税は使えない＝本則計算による消費税の還付が可能になる」
ということになるのです！

Ⅶ　新設法人の消費税還付請求手続

事例 3　新設法人が設立事業年度から簡易課税を選択した場合で還付が可能なケース

　資本金1,000万円で、株式会社（C社）をx1年3月1日に設立し、設立事業年度（x1年3月1日～x1年12月31日）中に「簡易課税制度選択届出書」を提出して設立事業年度から簡易課税により消費税の申告をしていたが、設立3期目である当期（x3年1月1日～x3年12月31日）の10月中に建物を1億円で取得する予定であるため、消費税の還付を受けたいと考えている。
　C社の事業年度は毎年1月1日から12月31日までであり、設立事業年度の課税売上高は2,000万円であった。
　なお、C社は「消費税の新設法人に該当することとなった事業年度開始の日」を記載した「法人設立届出書」を設立事業年度中に提出している。
（相談日：x3年9月10日）

■届出書の提出期限と効力発生時期

届出書の種類	提出すべき課税期間	適用開始課税期間
課税期間特例選択・変更届出書	x3年1月1日～x3年9月30日	x3年10月1日～x3年12月31日
簡易課税制度選択不適用届出書	x3年1月1日～x3年9月30日	x3年10月1日～x3年12月31日
簡易課税制度選択届出書	x6年7月1日～x6年9月30日	x6年10月1日～x6年12月31日
課税期間特例選択不適用届出書	x6年7月1日～x6年9月30日	x6年10月1日～x6年12月31日

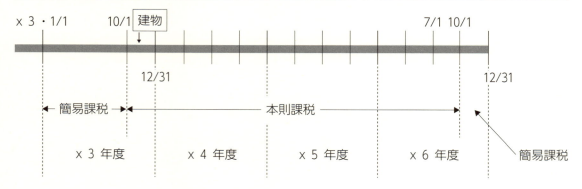

【ポイント】

① 　当期の基準期間は設立事業年度となり、設立事業年度の課税売上高は、年換算した金額が1,000万円を超えることから、当期は課税事業者となります。

　　2,000万円×12／10＝2,400万円＞1,000万円

したがって、「課税事業者届出書」をまだ提出していない場合には、これを速やかに提出する必要があります。

② 「簡易課税制度選択届出書」を提出した場合には、簡易課税の適用を受けた課税期間の初日から2年を経過する日の属する課税期間の初日以後でなければ「簡易課税制度選択不適用届出書」を提出することはできません。

　したがって、本事例の場合には、簡易課税の適用を受けた課税期間の初日（x1年3月1日）から2年を経過する日（x3年2月28日）の属する課税期間（当期）の初日（x3年1月1日）以後でなければ「簡易課税制度選択不適用届出書」は提出できないことになります。

③ x3年10月中の設備投資について消費税の還付を受けるためには事業年度の中途より簡易課税を止める必要がありますので、課税期間を短縮したうえで、「簡易課税制度選択不適用届出書」を提出することになります。

【スケジュール】

① x3年9月30日までに「課税期間特例選択・変更届出書」を提出し、課税期間を10月1日から3か月ごとに区切ります。

　これにより、簡易課税の適用を受けた課税期間の初日（x1年3月1日）から2年を経過する日（x3年2月28日）の属する課税期間は、x3年1月1日～x3年9月30日となります。

② x3年9月30日までに「簡易課税制度選択不適用届出書」を提出することにより、10月1日から本則計算によることができます。

　届出書の適用開始課税期間の欄（①欄）に「自x3年10月1日 至x3年12月31日」と記載するのを忘れないでください。

③ x3年10月1日～12月31日期間の確定申告で消費税の還付を受けます。

④ x6年10月1日～12月31日課税期間より再び簡易課税で計算するためには、「簡易課税制度選択届出書」をx6年9月30日までに提出する必要があります。

　届出書の適用開始課税期間の欄（①欄）に「自x6年10月1日 至x6年12月31日」と記載するのを忘れないでください。

⑤ x6年7月1日～9月30日課税期間中に「課税期間特例選択不適用届出書」を提出することにより、x6年10月1日より期間短縮の効力は失効します。ただし、x6年10月1日～12月31日までの期間は一つの課税期間とみなされますので、事業年度サイクルの申告に戻るのはx7年1月1日～x7年12月31日事業年度からとなります。

　　（注）x5年7月1日～9月30日課税期間中に「課税期間特例選択不適用届出書」を提出した場合には、x6年から事業年度単位の課税期間に戻ることになりますが、この場合、x7年1月1日～x7年12月31日事業年度以降でなければ簡易課税制度の適用を受けることができません。

【類似事例】仕入れ等の課税期間において売上高がゼロの場合

> 資本金300万円で、株式会社（D社）をx１年12月10日に設立予定であるが、D社は、設立事業年度（X１年12月10日～x１年12月31日）中に本社ビルが完成予定であるため、本社ビルの建築費について、消費税の還付を受けたいと考えている。
> なお、D社の設立事業年度は開業準備行為だけで終了予定のため、売上高はゼロになるが、設立事業年度の翌事業年度（x２年１月１日～x２年12月31日）以後の課税売上高は２億円～３億円程度、課税売上割合は常に95％以上になるものと予想される。

■届出書の提出期限と効力発生時期

届出書の種類	提出すべき課税期間	適用開始課税期間
課税事業者選択届出書	x１年12月10日～ x１年12月31日	x１年12月10日～ x１年12月31日
課税事業者選択不適用届出書	x４年１月１日～ x４年12月31日	x５年１月１日～ x５年12月31日

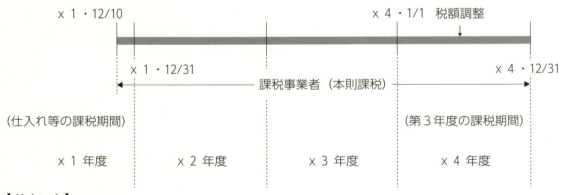

【ポイント】
① D社が設立事業年度（x１年度）から課税事業者を選択した場合には、設立事業年度の課税売上割合は95％未満（０％）となるため、個別対応方式か一括比例配分方式により仕入控除税額を計算することになります。
② 本社ビルの建築費は、個別対応方式を適用する場合、「共通対応分」に区分されますので、結果、仕入控除税額はゼロになります。また、一括比例配分方式を適用した場合にも、課税売上割合が０％ですから仕入控除税額はありません。
　このようなケースでは、設立事業年度に取得した調整対象固定資産について、第３年度の課税期間で税の取戻しをすることができますので、「課税売上割合が著しく増加した場合の税額調整」の規定の適用を検討する必要があります。

取得した物件が店舗、工場など課税売上対応分の場合には、たとえ課税売上割合が０％でも、個別対応方式を適用することにより消費税の還付を受けることができます。

③　「課税売上割合が著しく増加した場合の税額調整」の規定の適用を受けるためには、仕入れ等の課税期間において「比例配分法」を適用する必要がありますので、当然のことながら、設立事業年度から課税事業者を選択することが前提条件となります。

　つまり、設立事業年度においては「比例配分法」を適用した結果、仕入控除税額がゼロになったという前提が必要となるわけです。

④　税額調整をする「第３年度の課税期間」は、仕入れ等の課税期間（ｘ１年12月10日～ｘ１年12月31日）の開始日から３年を経過する日（ｘ４年12月９日）の属する課税期間（ｘ４年１月１日～ｘ４年12月31日）である設立４期目となることに注意してください。

⑤　課税売上割合が著しく変動したか否かを判定する際の「変動率」の計算ですが、仕入れ等の課税期間において売上高がゼロの場合には、仕入れ等の課税期間の課税売上割合は０％となり、結果、変動率の分母もゼロとなって変動率の判定ができないことになってしまいます。

　そこで、当初の設備投資に係る消費税額の取戻しを認めるために、「通算課税売上割合が５％以上」の場合には、課税売上割合が著しく増加したものとして取り扱うこととしています（消基通12－３－２）。

⑥　設立事業年度から課税事業者を選択した場合には、第３年度の課税期間であるｘ４年度まで本則課税が強制適用となります。

　したがいまして、課税事業者を選択した場合のｘ２年度とｘ３年度の納付消費税額（予想）と、ｘ４年度の控除（還付）税額とを比較検討したうえで、課税事業者を選択するか否かを判断するようにしてください。

ｘ４年度（第３年度の課税期間）の調整前の仕入税額に加算する税額
＝調整対象基準税額×通算課税売上割合

【スケジュール】

①　ｘ１年12月31日までに「課税事業者選択届出書」を提出します。これにより、設立事業年度（ｘ１年12月10日～ｘ１年12月31日）から課税事業者となることができます。

　届出書の適用開始課税期間の欄（①欄）に、「自ｘ１年12月10日　至ｘ１年12月31日」と記載するのを忘れないでください。

②　設立事業年度は課税売上高も確定消費税額もありませんので確定申告は不要となります（消法45①前文ただし書）。

　ただし、第３年度の課税期間で税額調整を予定していますので、課税標準額と確定税額をゼロと記載した確定申告書は提出しておいたほうが無難かと思われます（私見）。

③　課税事業者となった課税期間の初日（ｘ１年12月10日）から３年を経過する日（ｘ４年12

Ⅶ　新設法人の消費税還付請求手続　　73

月9日)の属する課税期間の初日(x4年1月1日)以降に「課税事業者選択不適用届出書」を提出することができますので、これをx4年度(x4年1月1日～x4年12月31日事業年度)中に提出します。

　これにより、x5年度(x5年1月1日～x5年12月31日事業年度)から課税選択の効力は失効します。

　ただし、x5年度の基準期間であるx3年度の課税売上高が1,000万円を超えることが予想されますので、たとえ「課税事業者選択不適用届出書」を提出したとしても、x5年度(x5年1月1日～x5年12月31日事業年度)については納税義務は免除されません。

　この場合には、x5年度(x5年1月1日～x5年12月31日)の基準期間であるx3年度(x3年1月1日～x3年12月31日)の課税売上高を記載した「課税事業者届出書(基準期間用)」を速やかに提出してください。

参考 課税売上割合が著しく増加した場合の税額調整

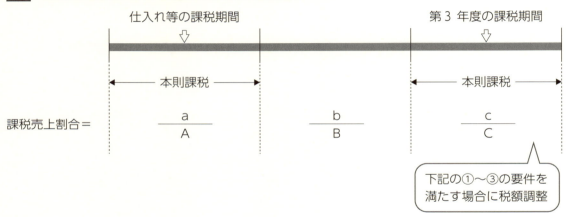

■**税額調整の要件**……下記①～③のいずれの要件も満たすこと(消法33、消令53)。
① 調整対象固定資産を第3年度の課税期間末に保有していること
② 仕入れ等の課税期間において、比例配分法により調整対象固定資産に係る仕入控除税額を計算していること

　　比例配分法とは、下記ⅰ～ⅲのいずれかの方法による仕入控除税額の計算をいう。
　　ⅰ　個別対応方式を適用する場合には、その調整対象固定資産を共通業務用に区分すること
　　ⅱ　一括比例配分方式
　　ⅲ　課税売上割合が95％以上となったことによる全額控除

③ 変動率が50％以上であり、かつ、変動差が５％以上であること

上図を基に「変動率」と「変動差」を算式で示すと下記のようになる。

仕入れ等の課税期間の課税売上割合＝$\dfrac{a}{A}$（X）

通算課税売上割合＝$\dfrac{a+b+c}{A+B+C}$（Y）

変動率＝$\dfrac{Y-X}{X} \geqq 50\%$　かつ　変動差＝$Y-X \geqq 5\%$　であること

※計算例については、109〜110頁を参照してください。

Ⅶ　新設法人の消費税還付請求手続　75

第2章 賃貸

　土地の貸付けは非課税です。ただし、貸駐車場のように、その実態が施設の貸付けに該当する場合には消費税が課税されます。建物の貸付けについては、居住用部分の賃貸は非課税となりますが、店舗や事務所などの商業用部分は非課税とはなりません。

　また、不動産賃貸業の場合には、簡易課税制度を適用すれば納付税額を圧縮することができる反面、簡易課税制度の適用を受けている限りは、どんなに多額の設備投資があっても消費税の還付を受けることはできないので注意が必要です。

　住宅の貸付けについては、令和2年度にとても理解しづらい改正がありました。本章では、この令和2年度改正の内容も合わせ、不動産賃貸に関する消費税実務のポイントを確認します。

I 不動産賃貸と非課税取引

1 土地に関する取引

　土地は消費の対象となるものではなく、その譲渡は現金が土地に変わるだけの単なる資本移転であることから非課税とされました。また、土地の貸付けについては、土地の譲渡との課税のバランスを考慮して非課税とされたものです。

　土地取引に関連するもののすべてが非課税というわけではありません。土地の売買に伴い不動産業者が収受する仲介手数料や整地に伴い土建業者が収受する造成費は、たとえ土地取引に関係するものであっても課税されます。土地造成費については、これを支払う事業者はその金額を土地の帳簿価額に加算するわけですが、経理処理や勘定科目にかかわらず課非区分をしなければいけません。

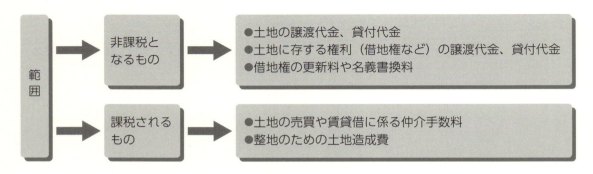

1 ◆ 借地権の更新料と名義書換料（消基通6-1-3）

　建物の所有を目的とする地上権又は土地の賃借権のことを「借地権」といいます（借地借家

法2①一）。地上権、土地の賃借権、地役権、永小作権等の土地の使用収益に関する権利（土地の上に存する権利）の設定、譲渡、貸付けは原則として非課税となることから、「借地権」に関する対価についても下記の理由から非課税となります。土地売買の仲介手数料とは取扱いが異なることにご注意ください。

借地権に関する対価	理由
更新料（更改料）	借地権の契約更新に伴い授受されるもので、賃借料の前払い（後払い）的な性格を有するものであること
名義買換料	借地権の譲渡や転貸に伴う「権利の設定」の承諾料としての性格を有するものであること

▎2 ◆鉱業権などの取扱い（消基通6－1－2）

　課税対象要件である「資産の貸付け」には、資産に係る権利の設定その他他の者に資産を使用させる一切の行為が含まれます（消法2②）。また、非課税となる土地の範囲には、「土地の上に存する権利」が含まれます。

　「土地の上に存する権利」とは、地上権、土地の賃借権、地役権、永小作権等の土地の使用収益に関する権利をいうので、これらの権利の譲渡及び貸付けも原則として非課税となります。ただし、「鉱業権」・「土石採取権」・「温泉利用権」・「土地を目的物とした抵当権」については、下記の理由から非課税となる「土地の上に存する権利」には含まれず、その譲渡及び貸付けには消費税が課税されることとなるのでご注意ください。

資産の種類	理由
鉱業権	鉱産物を採取する権利であること
土地を目的とした抵当権	被担保債権の弁済に関する権利であること
温泉利用権	温泉をくみ上げる権利であること
土石採取権	土石を採取する権利であること

> 　土地の賃貸借契約であっても、土石、砂利等の採取が、法律による認可を受けて行われるべきものである場合には、認可の有無に関係なく、非課税とはならない。

▎3 ◆貸付期間は契約により判断する！（消基通6－1－4）

　土地の貸付けであっても貸付期間が1か月未満の場合は非課税とはなりません（消令8）。貸付期間については、契約において定められた期間により判定することとされており、実際の貸付期間ではありません。

　したがって、契約による貸付期間が1か月以上であれば、中途解約により実際の貸付期間が1か月未満となっても非課税となる一方で、貸付期間が1か月未満の契約を更新し、結果的に貸付期間が1か月以上になったとしても非課税とはなりません。

Ⅰ　不動産賃貸と非課税取引　77

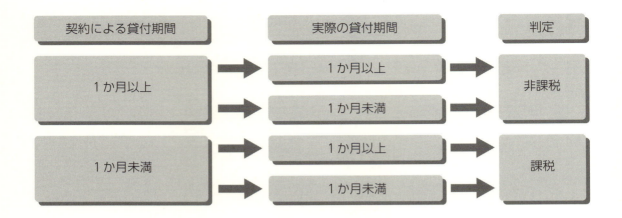

4 ◆ 施設貸付けに関する取扱い（消令8、消基通6－1－5）

　土地の貸付けについては、「譲渡」と異なり非課税となるためのさまざまな要件が設けられています。1か月未満の短期貸付けや施設としての貸付けは、たとえ土地の貸付けであっても課税されることになります。

　貸店舗の賃料などについては、土地の上に店舗が建っているわけですから、土地部分は非課税であると考えられなくもありませんが、たとえ賃料を地代と家賃に区分する契約を結んだとしても、その全体が家賃として課税されることになります。

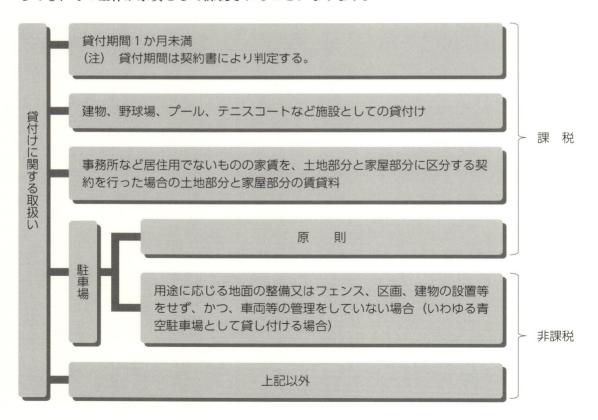

| 具体例 | 土地の貸付期間の判定 |

　年間契約により毎週日曜日だけ土地を貸す場合には、年間の貸付期間がトータルで1か月以上（52日）となりますが、実質的には週1回の貸付け契約の集合体（貸付期間が1日の契約の集合体）と考えられることから、貸付期間が1か月未満の契約に該当し、賃貸料は非課税とはなりません（参考文献：DHCコンメンタール消費税法①1357）。

2　住宅の貸付け

　住宅家賃は国民の生活に直接関係するものであり、また、家計収入に占める比重も比較的大きいことから非課税とされました。

1 ◆ 非課税となる住宅の貸付けとは？

　非課税となるのは住宅の貸付けであり、事務所、店舗など居住用でないものの貸付けは消費税が課税されます。ただし、住宅の貸付けであっても、貸付期間が1か月未満のものについては非課税とはなりません。旅館、ホテルなどの施設の貸付けは、住宅の貸付けとは異なるものであり、当然に非課税とはなりません（消令16の2）。

　なお、住宅の貸付けだけが非課税とされるわけですから、住宅の譲渡は建物の譲渡として当然に消費税が課税されます。

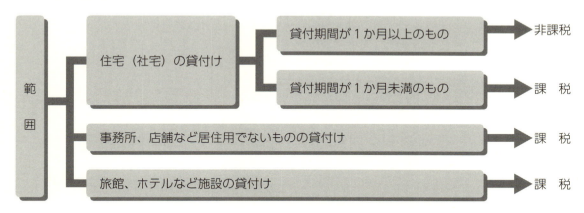

　住宅を借り上げ、転貸する場合には、家主からの賃貸及び従業員に対する転貸のいずれもが非課税となります。

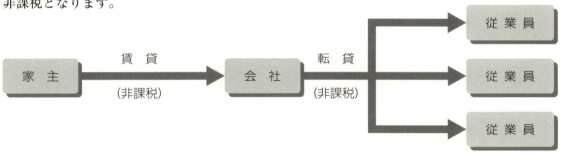

したがって、事業者が借上社宅を従業員に転貸するような場合には、当初の賃貸人に支払う社宅の賃借料は非課税仕入れとなり、仕入税額控除の対象とはならないとともに、従業員から収受する社宅使用料は非課税売上高となり、課税売上割合の計算上、分母に計上することになります（消基通6－13－7）。

> 家賃には、月決め等の家賃のほか、次のものも含まれます（消基通6－13－9）。
>
> ① 敷金、保証金、一時金等のうち契約期間終了時に返還しない部分
> ② 定額で収受する共益費
>
> したがって、居住用家屋の貸付けであれば、契約時に収受する礼金や毎月家賃とともに収受する共益費も非課税売上高となり、貸店舗ならば、契約により償却する保証金の額や毎月家賃とともに収受する共益費も課税売上高となるわけです。なお、契約終了時に賃借人に返還する保証金や敷金については単なる預り金であり、課税の対象とはなりません。

2◆附属設備の取扱い（消基通6－13－1～3）

　照明設備、冷暖房設備、駐車場などの附属設備については、住宅に付随して、又は一体となって貸し付けられるものは家賃とともに非課税とされるのですが、別契約により使用料等を収受しているような場合には、設備の貸付けにかかるものとして消費税が課税されます。

　なお、集合住宅においては、施設の使用料又は役務の提供の対価を、家賃や共益費として収受する場合と別建てで収受する場合がありますが、それぞれの収受の形態により、下記のように取り扱うこととされています（国税庁質疑応答事例「非課税－住宅の貸付け5」）。

収受の形態	取扱い
家賃	住宅の貸付けとは別に貸付けの対象となっていると認められる施設や動産部分及びサービス部分については、一括家賃として収受したとしても合理的に区分の上、課税となる。 　したがって、次のように整理される。 ① 通常単独で賃貸借やサービスの目的物となる駐車場施設、プール・アスレチック施設等については、全住宅の貸付けについて付属する場合や住人のみの利用が前提となっている場合など、住宅に対する従属性がより強固な場合にのみ非課税とされる。 ② もともと居住用としての従属性が認められる倉庫や家具などの施設又は動産については、全体を家賃として収受している以上、非課税として取り扱うこととなる。ただし、入居者の別注により賃貸借の対象となっているものは課税されることになる。
共益費	住宅を共同で利用するうえで居住者が共通に使用すると認められる部分の費用を居住者に応分に負担させる性格のものについては、共益費、管理費等その名称にかかわらず非課税となる。
別建請求する各種料金	個別に内容を判定することとなるが、上記の「共益費」に該当するもの以外は、課税されることになる。

■駐車場の取扱い

賃料の区分と表示	条件	判定
住宅家賃と区分しないで賃料を収受する場合 <表示例> ●駐車場利用料を含む ●賃貸借物件に「駐車場」と記載 ●まったく記載しない	① 一戸あたり一台分以上の駐車スペースが確保されていること ② 自動車の保有の有無にかかわらず駐車スペースが割り当てられていること	非課税
	上記以外のケース	課　税※
住宅家賃と区分して利用料を収受する場合 <表示例> ●駐車場利用料○○円を含む ●家賃○○円、駐車場○○円	① 一戸あたり一台分以上の駐車スペースが確保されていること ② 自動車の保有の有無にかかわらず駐車スペースが割り当てられていること	課　税
	上記以外のケース	

※賃料を合理的に区分する必要がある。

■マンション管理組合が行う駐車場の貸付けの取扱い

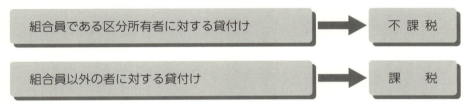

■プールやアスレチック施設等を備えた住宅の取扱い

賃料の区分と表示	条件	判定
住宅家賃と区分しないで賃料を収受する場合 <表示例> ●施設利用料を含む ●賃貸借物件に施設名を記載 ●まったく記載しない	住人以外は利用できない場合 (住人専用)	非課税
	外部者でも有料で利用できる場合	課　税※
住宅家賃と区分して利用料を収受する場合 <表示例> ●施設利用料○○円を含む ●家賃○○円、利用料○○円	住人以外は利用できない場合 (住人専用)	課　税
	外部者でも有料で利用できる場合	

※賃料を合理的に区分する必要がある。

■倉庫や家具、電気製品等の付属設備の使用料に関する取扱い

賃料の区分と表示	条件	判定
住宅家賃と区分しないで賃料を収受する場合 <表示例> ●使用料を含む ●賃貸借物件に「倉庫」「家具」などの名称を記載 ●まったく記載しない	入居者の選択にかかわらず、付属設備を設置している場合	非課税
	入居者の選択（注文）により、倉庫や家具などを賃貸する場合	課　税※
住宅家賃と区分して使用料を収受する場合 <表示例> ●○○使用料○○円を含む ●家賃○○円、使用料○○円	入居者の選択にかかわらず、付属設備を設置している場合	課　税
	入居者の選択（注文）により、倉庫や家具などを賃貸する場合	

※賃料を合理的に区分する必要がある。

■給湯サービス料金や水道光熱費の取扱い

賃料の区分と表示	条件	判定
住宅家賃と区分しないで賃料を収受する場合 <表示例> ●○○使用料を含む ●まったく記載しない	各戸の使用実績をとらない場合	非課税
住宅家賃と区分して使用料を収受する場合 <表示例> ●○○使用料○○円を含む ●家賃○○円、使用料○○円	各戸の使用実績を請求する場合	課　税
	一定額を請求する場合	

■共同アンテナ使用料・CATV利用料の取扱い

賃料の区分と表示	判定	留意点
住宅家賃と区分しないで利用料を収受する場合 <表示例> ●○○使用料を含む ●まったく記載しない	非課税	①　衛星放送共同アンテナ使用料 　共同アンテナは、集合住宅においては各戸に配線済みであるが、衛星放送受信のためには、各戸において別途BSチューナーを設置し、個々に受信契約を締結する必要がある。
住宅家賃と区分して利用料を収受する場合 <表示例> ●○○使用料○○円を含む ●家賃○○円、○○使用料○○円	非課税	②　CATV利用料 　共同アンテナは、集合住宅においては各戸に配線済みであり、通常のテレビ放送については、アンテナ端子に配線するだけで簡単に受信することができる。ただし、有線放送や衛星放送については、各戸において別途ケーブル・テレビジョン会社と契約する必要がある。

■ハウスキーピング・サービスの取扱い

賃料の区分と表示	条件	判定
住宅家賃と区分しないで賃料を収受する場合 <表示例> ●ハウスキーピング料を含む ●まったく記載しない	入居者の選択にかかわらず、あらかじめハウスキーピング・サービスが付されている場合	非課税
	入居者の選択（希望）により、ハウスキーピング・サービスを付している場合	課　税※
住宅家賃と区分して利用料を収受する場合 <表示例> ●ハウスキーピング料○○円を含む ●家賃○○円、ハウスキーピング料○○円	定期的に全戸を対象に行う場合	課　税
	入居者の希望により実施することとしている場合	

※賃料を合理的に区分する必要がある。

3 ◆ 下宿と下宿営業 （消基通6－13－4）

「下宿」とは、学生等に部屋等を提供して生活させることをいいます。「下宿」は旅館業には該当しませんので、貸家業及び貸間業としてその貸付けは非課税となります。

「下宿営業」とは、施設を設け、1か月以上の期間を単位とする宿泊料を受けて人を宿泊させる営業をいいます。「下宿営業」は旅館業の適用を受けることから、たとえ貸付期間が1か月以上になるとしても非課税とはならず、宿泊料金には消費税が課税されることになります。

また、住宅宿泊事業（いわゆる「民泊」）は旅館業法に規定する旅館業に該当することとされています。したがって、たとえ貸付期間が1か月以上になるとしても非課税とはならず、宿泊料金には消費税が課税されることになります。

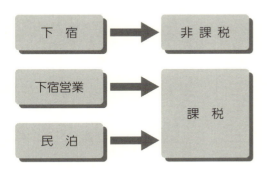

4 ◆ 店舗兼用住宅の取扱い （消基通6－13－5）

店舗と住宅が併設されている場合のように、課税部分と非課税部分が混合した貸付けでその対価が区分されていない場合には、これらの対価の額を合理的に区分しなければなりません。

店舗併設住宅であるならば、住宅部分だけが非課税であり、店舗部分は課税となります。したがって、店舗等併設住宅の賃貸については、あらかじめ賃貸人と賃借人との間で相談のうえ、家賃の総額を面積比率などにより住宅部分と事業用部分に合理的に区分しておく必要がありま

す。家賃の内訳を区分していないことをもって、家賃の全額が課税あるいは非課税になるものではありませんので、消費税の取扱いをあらかじめ契約書に明記しておくことが重要なのです。

家賃の内訳が区分されてないと、貸主だけではなく、借主の仕入控除税額の計算にも影響がでるので注意が必要です。

具体例 店舗兼用住宅家賃の区分方法

店舗兼用住宅を貸付ける場合において、家賃の総額に対して外税で別途消費税を受領した場合でも、家賃の総額を店舗部分と住宅部分に区分する必要があります。この場合において、住宅部分に対する消費税相当額は、「消費税」という名目で収受していたとしても、住宅家賃の一部として取り扱われることになります。

たとえば、1階が店舗で2階が住宅仕様の建物を貸し付ける場合において、「家賃総額20万円（別途消費税10％）税込合計額22万円」と契約した場合の家賃は次のように区分します。

$$220,000円 \times \frac{1}{1+1} = 110,000円 \cdots 住宅家賃$$

$$110,000円 \times \frac{100}{110} = 100,000円 \cdots 店舗家賃（税抜）$$

（注）　1階と2階の床面積が同一で、床面積割合により区分することが合理的と認められる場合に限られる。

5 ◆ 食事代などの取扱い（消基通6-13-6）

有料老人ホーム、ケア付住宅、食事付の下宿のように、居住用の部屋の貸付けに食事や清掃などが伴うサービスの場合には、料金のうち、部屋代部分だけが非課税となります。

したがって、部屋代部分と食事代などのサービス費が区分されていない場合には、その内訳を合理的に区分しなければなりません。

なお、有料老人ホームやケア付住宅におけるサービスのうち、介護保険法の取扱いに関するものは非課税とされています。

6 ◆ 用途変更（消基通6-13-8）

用途変更については、建物の使用実態ではなく、契約書ベースで課税区分を判断することとされています。

		用途変更	賃貸人の取扱い	賃借人の取扱い
居住用→事業用	契約変更あり	住宅として賃貸借契約を締結した後で、契約当事者間で事業用に使用することについて契約変更した場合	●契約変更前の賃貸料収入は非課税売上高となる ●契約変更後の賃貸料収入は課税売上高となる	契約変更後の賃貸料は課税仕入れに該当し、法定書類の保存を条件に仕入税額控除が認められる
	契約変更なし	住宅として賃貸借契約を締結して借り受けている建物を、賃借人が賃貸人との契約変更を行わずに事業用に使用した場合	賃貸料収入は非課税売上高となる	貸借料は課税仕入れには該当しないため、仕入税額控除の対象とはならない
事業用→居住用	契約変更あり	事業用として賃貸借契約を締結した後で、契約当事者間で居住用に使用することについて契約変更した場合	●契約変更前の賃貸料収入は課税売上高となる ●契約変更後の賃貸料収入は非課税売上高となる	契約変更前の賃借料は課税仕入れに該当し、法定書類の保存を条件に仕入税額控除が認められる
	契約変更なし	事業用として賃貸借契約を締結して借り受けている建物を、賃借人が賃貸人との契約変更を行わずに居住用に使用した場合	賃貸料収入は課税売上高となる	賃借料は課税仕入れに該当し、法定書類の保存を条件に仕入税額控除が認められる

Ⅱ 令和2年度消費税改正

　建物の貸付けについては、たとえ契約においてその用途が明らかにされていない場合であっても、貸付け等の状況からみて人の居住用であることが明らかな場合には、その賃貸料を非課税とすることになりました（改消法別表第1十三）。

1 サブリース契約の問題点

　非課税となる住宅の貸付けとは、契約において、人の居住の用に供することが明らかにされているものに限られていました（旧消法別表第1十三）。

　したがって、賃貸借契約書に「居住用」と明記しない限り、家賃収入には消費税が課税されますので、その賃貸物件の取得は課税業務用に区分され、旧法の下では取得費の全額を仕入税額控除の対象とすることができたのです。

　居住用の賃貸物件をサブリースする場合において、賃借人（B）が住宅として転借人（C）に転貸することが、賃貸人（A）と賃借人（B）との契約により明らかにされている場合には、賃借人（B）が行う住宅の転貸だけでなく、賃貸人（A）から賃借人（B）への賃貸も非課税となります（消基通6－13－7）。結果、Aが取得する賃貸物件は非課税業務用に区分され、原則として仕入税額控除はできないことになります。

消基通6－13－7（転貸する場合の取扱い）
　住宅用の建物を賃貸する場合において、賃借人が自ら使用しない場合であっても、当該賃貸借に係る契約において、<u>賃借人が住宅として転貸することが契約書その他において明らかな場合</u>には、当該住宅用の建物の貸付けは、住宅の貸付けに含まれるのであるから留意する。
（注）この場合において、賃借人が行う住宅の転貸も住宅の貸付けに該当する。

　上記通達の下線の箇所を単純に文理解釈すると、賃貸人（A）と賃借人（B）との賃貸借契約において、「賃借人（B）が住宅として転借人（C）に転貸することを明記しておかなければ」、賃貸人（A）から賃借人（B）への賃貸は非課税とはならず、課税されることになります。結果、Aが取得する賃貸物件は課税業務用に区分され、仕入税額控除の対象とすることができることになるのです。

　なお、「居住用賃貸建物」とは、「住宅の貸付けの用に供しないことが明らかな建物<u>以外</u>の建物で、高額特定資産に該当するものをいう」と定義されていますので、契約書により用途が明らかにされていない上図の賃貸物件は「居住用賃貸建物」に該当し、改正法により仕入税額控除が制限されることになります。ただし、AからBへの賃貸料収入が課税のままだと「課税賃貸割合」が100％となり、結果として第3年度の課税期間において建築費の全額を仕入税額控除の対象とすることができてしまうのです。

2　改正法の内容

1 ◆ 改正法令通達の内容

　改正法別表第1十三号では、非課税となる住宅の貸付けについて次のように定義しています。また、改正により追加された箇所については、基本通達でその内容を解説し、具体的例示を示しています。

住宅（人の居住の用に供する家屋又は家屋のうち人の居住の用に供する部分をいう。）の貸付け（当該貸付けに係る契約において人の居住の用に供することが明らかにされている場合（当該契約において当該貸付けに係る用途が明らかにされていない場合に当該貸付け等の状況からみて人の居住の用に供されていることが明らかな場合を含む。）に限るものとし、一時的に使用させる場合その他の政令で定める場合を除く。）

住宅を居住用又は事業用どちらでも使用することができることとされている契約も含まれる（消基通6－13－10）

「貸付けに係る契約において用途が明らかにされていない場合」に「賃借人や住宅の状況その他の状況からみて人の居住の用に供されていることが明らかな場合」をいう（消基通6－13－11）。

具体例1　通常の賃貸借契約

賃貸人と賃借人との契約において物件の用途が明らかにされておらず、賃借人（個人）が物件を事業用に使用していることを賃貸人が把握していない場合には、その物件の貸付けは非課税となります（消基通6－13－11（1））。

ただし、契約書で物件の用途が明らかにされていない場合であっても、賃借人が物件を事業用に使用することを賃貸人が把握（承諾）している場合には、単に事実を書面にしていないというだけのことであり、その事実に基づき、課税されることになります。

・賃借人（個人）が物件を事務所などの用途に使用していることを賃貸人が把握していない場合→非課税
・賃借人が物件を事業用に使用することを賃貸人が把握(承諾)している場合→課税

賃貸人　　　　　　　　　　　　賃借人（入居者）
　　　　　住宅としての契約 ✕

具体例2　サブリース契約（その1）

サブリース契約において、賃貸人と賃借人との契約においては物件の用途が明らかにされていないものの、賃借人と転借人（入居者）との間で住宅用としての契約がされている場合には、入居者が住宅として使用することが明らかなので、賃借人から転借人（入居者）への転貸だけでなく、賃貸人から賃借人への賃貸についても非課税となります（消基通6－13－11（2））。

具体例3　サブリース契約（その2）

　サブリース契約において、賃貸人と賃借人との契約においては物件の用途が明らかにされておらず、賃借人と転借人（入居者）との間でも物件の用途が明らかにされていない場合において、転借人（個人）が物件を事務所などの用途に使用していることを賃貸人が把握していない場合には、その物件の貸付けは非課税となります（消基通6－13－11（3））。

　したがって、契約書で物件の用途が明らかにされていない場合であっても、転借人が物件を事業用に使用することを賃貸人が把握（承諾）している場合には、その事実に基づき、課税されることになります。

・転借人（個人）が物件を事務所などの用途に使用していることを賃貸人が把握していない場合→非課税
・転借人が物件を事業用に使用することを賃貸人が把握(承諾)している場合→課税

・転借人（個人）が物件を事務所などの用途に使用していることを賃借人が把握していない場合→非課税
・転借人が物件を事業用に使用することを賃借人が把握(承諾)している場合→課税

2 ◆ 「契約」と「把握」

　消費税法基本通達6－13－11（貸付け等の状況からみて人の居住の用に供されていることが明らかな場合の意義）では、「把握」という抽象的な日本語を多用しています。

　私見ではありますが、同基本通達に書かれている「…当該住宅が人の居住の用に供されていないことを賃貸人が把握していない場合」とは、契約書などの書面に明記するという意味ではなく、あくまでも、賃貸人（賃借人）と賃借人（転借人）との間で合意しているかどうかにより、課非判定をすべきものではないかと思われます。

　契約書に「居住用」であることが明記されている場合には、物件の賃貸借は原則として非課税となります。

　ただし、「事業用」であることについて賃貸人と賃借人が合意しているにもかかわらず、賃貸料収入を非課税とするために、契約書に「居住用」と記載した場合には、真実と異なる事項が契約書に記載されているだけということになります。結果、その賃貸借は課税となり、賃貸人は賃貸料収入を課税売上高に計上する必要があります。

　契約書に「事業用」であることが明記されている場合には、物件の賃貸借には原則として消

費税が課税されます。

　ただし、「居住用」であることについて賃貸人と賃借人が合意しているにもかかわらず、賃借料を仕入税額控除の対象とするために、契約書に「事業用」と記載したような場合には、真実と異なる事項が契約書に記載されているだけということになります。結果、その賃貸借は非課税となり、賃借人は支払った賃借料を仕入税額控除の対象とすることはできません。

3 ◆ 改正消費税法基本通達の疑問点

　サブリース契約の場合には、入居者の増減にかかわらず、賃貸人と賃借人との間で定額の家賃を取り決めるケースが多いように思われます。このような状況下において、賃貸人は、入居者の使用状況を把握することなど現実問題としてできるのでしょうか？

　また、集合住宅をサブリースする場合において、事業用の貸室と居住用の貸室を区分して賃料を取り決めたとしても、その後に新たな入居者が決まったり退室があった場合には、その都度賃貸人と賃借人との間で一括賃貸料を変更する必要があるのでしょうか？

　入居者が法人の場合には、法人が事務所として利用する場合の他に、社宅として利用する場合が想定されますが、賃貸人は、その利用状況をいちいち把握する必要があるのでしょうか…改正消費税法基本通達の執行に無理があるように思えてなりません。

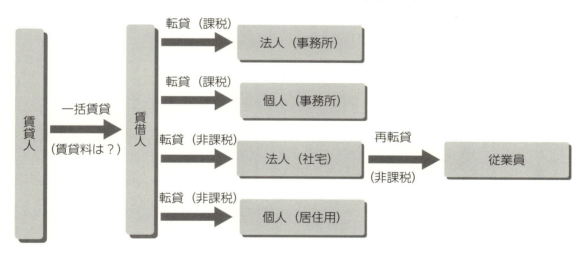

■住宅の貸付けの課非判定

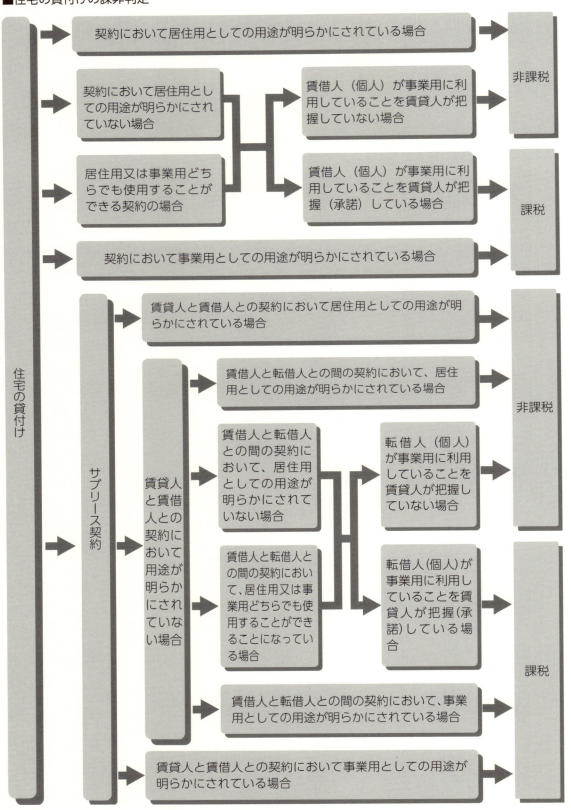

3 改正の狙いと適用時期

　本改正は、契約書に「住宅用」であることを明記しないことにより、作為的に賃貸物件の建築費について消費税の還付を受けようとすることを防止するための措置ではないかと思われます。また、本改正は令和2年4月1日以後に行われる貸付けについて適用することとされていますので、契約書に「住宅用」であることが明記されていない場合であっても、賃貸物件の状況等から人の居住用であることが明らかなものについては、令和2年4月1日以後の家賃は非課税として取り扱われることになります（令和2年改正法附則46①）。

　この場合において、課税業務用調整対象固定資産を非課税業務用に転用した場合の税額調整の規定は適用されません（令和2年改正法附則46②）。

※「課税業務用調整対象固定資産を非課税業務用に転用した場合の税額調整」についてはⅣの 2 をご参照ください。

Ⅲ 不動産賃貸と消費税実務

1 家賃収入の計上時期（消基通9-1-20）

　消費税における不動産に関する賃貸料収入の計上時期は、前受家賃を除き、契約又は慣習により支払いを受けるべき日とされています。したがって、3月決算法人が決算月である3月に収入した4月分の家賃は前受収益であり、翌期の家賃収入として計上することになります。

　ただし、所得税においては、契約又は慣習により支払いを受けるべき日（入金日）に家賃収入を計上することを原則としつつ、法人税のように前受処理をすることも例外的に認めることとしていますので、消費税においても、所得税の申告に合わせた家賃収入の計上を認めることとしています（消基通9-6-2）。

　また、契約についての係争がある場合には、その内容に応じて次のように取り扱うこととされています。

Ⅲ　不動産賃貸と消費税実務　91

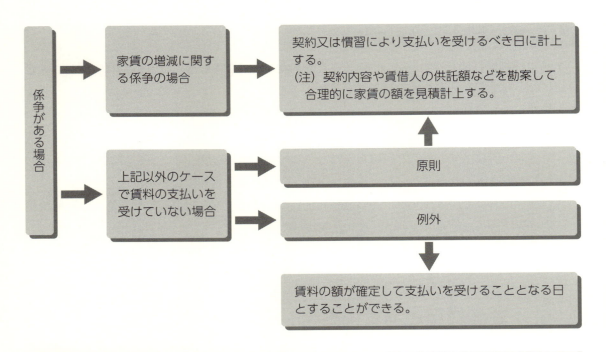

2 保証金償却

　建物などの賃貸借契約にあたり収受する保証金や権利金などのうち、賃借人に返還しない金額については、家賃の先取りと考え、課税の対象とされますが、契約期間終了後に返還する部分の金額は賃借人からの預り金であり、課税の対象とはなりません（消基通5－4－3）。

　なお、建物を賃借人が破損した場合や、契約により保証金を償却するような場合については、その返還しないこととなった時点で課税の対象に組み込むこととされています（消基通9－1－23）。

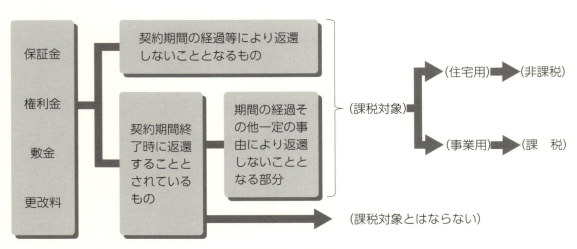

　固定資産を取得した場合には、その固定資産を取得した課税期間において取得価額の全額が仕入税額控除の対象とされるわけですから、その後に計上される減価償却費は当然に消費税計算には関係しないことになります。

これに対し、保証金の場合には、賃借人が当初保証金を支払った時点では仕入税額控除の対象とはしていないわけですから、後々償却するものであっても、減価償却資産と保証金では根本的にその性質が異なることになります。

不動産の賃貸借の場合には、契約内容をしっかりと確認し、スタート時点で課税の対象に組み込まれる家賃や共益費、礼金などをまずしっかりと拾い出す必要があります。そのうえで、保証金の償却部分について、どの時点で売上げに計上しなければならないか、所得税や法人税の計算にも関係してくることなので、計上漏れのないように注意してください。

具体例　保証金の償却

> 不動産の賃貸借契約に伴い、補証金○○円を収受したケース。なお、この保証金は3年ごとに5％償却する契約となっている（契約年月日：x1年y月z日）。

3年間のサイクルで保証金を償却する場合において、保証金の5％相当額を返還しないことが確定するのは3年目ではなく、1年目です。よって、下記の課税期間において契約内容に応じた保証金を償却（売上計上）することになります。

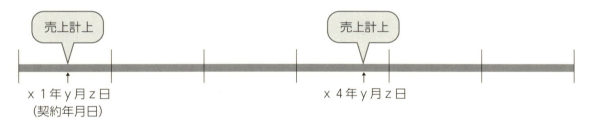

	契約内容	取扱い
①	保証金1,000万円を収受すると共に、3年ごとに50万円（1,000万円×5％）を償却する契約の場合	50万円を税込金額と認識し、令和元年9月30日までの償却であれば、8％、10月1日以後の償却であれば10％税率で課税される。
②	保証金1,000万円を収受すると共に、3年ごとに50万円（1,000万円×5％）を償却し、別途消費税を精算する契約の場合	令和元年9月30日までの償却であれば、54万円（50万円×108％）を売上計上して8％税率で課税、10月1日以後の償却であれば55万円（110％）を売上計上して10％税率で課税される。
③	保証金1,080万円を収受すると共に、3年ごとに保証金の5％相当額を償却する契約の場合（保証金の精算はしない）	54万円を税込金額と認識し、令和元年9月30日までの償却であれば、8％、10月1日以後の償却であれば10％税率で課税される。

3　解約金と遅延損害賠償金

中途解約の際に賃借人から収入する解約金は、解約日から契約期間満了日までの期間に対する逸失利益の補填として収受するものであり、対価性がないことから課税の対象とはなりませ

ん。これに対し、契約期間が満了したにもかかわらず賃借人の退去が遅滞したことにより、賃貸人が加害者である賃借人から収受する損害賠償金は、その実態が不動産の賃貸料であることから課税の対象として取り扱うこととしています。

　消費税法基本通達5－2－5（損害賠償金）の（3）では、「不動産等の明渡しの遅滞により加害者から賃貸人が収受する損害賠償金」が資産の譲渡等の対価に該当するとしており、国税庁のタックスアンサー No.6261（建物賃貸借契約の違約金など）には、次のような事例が掲載されています。

　建物の賃貸人は建物の賃貸借の契約期間の終了以前に入居者から解約の申入れにより中途解約の違約金として数か月分の家賃相当額を受け取る場合があります。この違約金は、賃貸人が賃借人から中途解約されたことに伴い生じる逸失利益を補てんするために受け取るものですから、損害賠償金として課税の対象とはなりません。

　また、賃借人が立ち退く際に、賃貸人が賃借人から預っている保証金の中から原状回復工事に要した費用相当額を受け取る場合があります。賃借人には立退きに際して原状に回復する義務がありますので、賃借人に代わって賃貸人が原状回復工事を行うことは、賃貸人の賃借人に対する役務の提供に当たります。

　したがって、賃貸人が受け取る工事費に相当する額は、賃貸人の賃借人に対する役務の提供の対価となりますので、課税の対象となります。

　なお、賃貸借契約の契約期間終了後においても入居者が立ち退かない場合に、店舗及び事務所等の賃貸人がその入居者から規定の賃貸料以上の金額を受け取ることがあります。この場合に受け取る金額は、入居者が正当な権利なくして使用していることに対して受け取る割増し賃貸料の性格を有していますので、その全額が店舗及び事務所等の貸付けの対価として課税されることになります。

　上記タックスアンサーの事例を整理すると次のようになるので、入居者から収受する金銭については、その内容（性格）を精査したうえで、課税区分を判断する必要がありそうです。

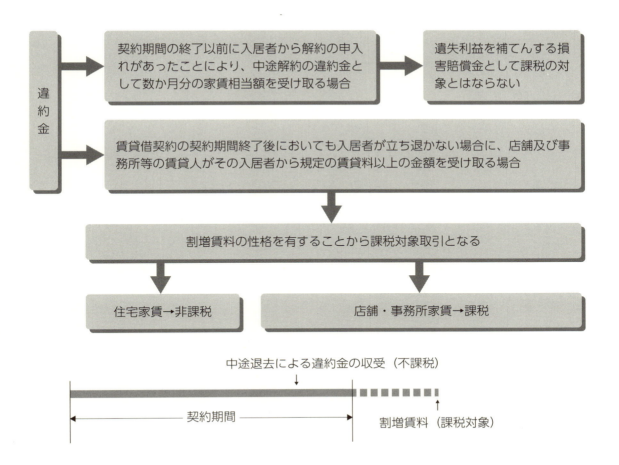

4 フリーレント契約

　入居者を募集する目的で、一定期間の家賃を無料とする賃貸借契約のことを「フリーレント契約」といいます。フリーレント契約については、法人税法における取扱いとして、「賃料の総額を契約期間中に均等に収益計上（配分）する方法」と「フリーレント期間中の家賃収入はゼロとする方法」があるようです（税務通信3007号（税務研究会））。

計算例

- 契約期間：×1年1月1日～×5年12月31日（60か月）
- 月額家賃：10万円
- 特約条項：×1年1月1日から3月31日までの3か月分はフリーレント（無償）とする。ただし、中途解約の場合には残りの契約期間に相当する家賃を違約金として支払うものとする。

ケース1	賃料の総額を契約期間中に均等に収益計上（配分）する方法
x1年分	100,000円×（60−3）か月×12／60＝1,140,000円
：	：
x5年分	100,000円×（60−3）か月×12／60＝1,140,000円

この場合、毎年の賃貸料収入と入金額が連動しないこととなりますので、次のような仕訳により処理することになると思われます。

x1年目	（現金）	900,000	（家賃収入）	1,140,000
	（未収入金）	240,000		
x2年目	（現金）	1,200,000	（家賃収入）	1,140,000
			（未収入金）	60,000
：			：	
x5年目	（現金）	1,200,000	（家賃収入）	1,140,000
			（未収入金）	60,000

結果、x1年からx5年までの家賃収入の累計は5,700,000円（1,140,000円×5年）になります。

ケース2	フリーレント期間中の家賃収入はゼロとする方法
x1年分	100,000円×9か月＝900,000円
x2年分	100,000円×12か月＝1,200,000円
：	：
x5年分	100,000円×12か月＝1,200,000円

結果、x1年からx5年までの家賃収入の累計は5,700,000円（900,000円＋1,200,000×4年）になります。

税務通信の記事によると、契約の内容やその契約を締結するにあたっての経緯等に基づいて総合的に判断していくことになるとしつつ、解約不能の契約については（ケース1）、解約可能な契約については（ケース2）によるべきとしています。

（ケース1）の場合には、5年間の賃料総額が確定していることから、仕訳例に示したような未収入金による管理をすることが可能となります。ただ、実務の現場においてこのように煩雑な賃料の管理をすることなど、現実問題としてできるのでしょうか？　解約不能の契約についても（ケース2）の方法により処理をして、中途解約をしたときに、残りの契約期間に対する家賃相当額を違約金収入として処理することはできないのでしょうか？

なお、この場合に収受する違約金は逸失利益に相当するものであり、課税の対象とはなりません。

5 原状回復費用

賃貸借契約の終了に伴い、退去する賃借人から収受する原状回復費用については、たとえ居住用の賃貸物件であっても、「原状回復」という役務提供の対価として消費税が課税されます。ただし、原状回復が賃借人と工務店との契約によるものであるならば、賃貸人が工務店に支払う原状回復費用は預り敷金からの単なる立替金であり、課税対象外取引として処理することも可能ではないかと思われます（私見）。

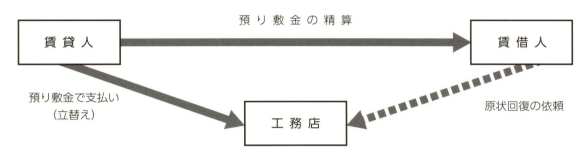

賃借人から収受する原状回復費用を課税売上高として処理した場合、工務店に支払う修繕費などは課税売上げとなる原状回復費用（収入）だけでなく、新たな賃借人から収受する将来の家賃収入にも対応することになります。よって、物件が居住用か商業用かによって、課税仕入れの用途区分も異なってくるものと思われます（私見）。

取引形態	賃借人から収受する原状回復費の取扱い	工務店に支払う原状回復費の取扱い	
		居住用の物件	商業用の物件
賃貸人から賃借人へ原状回復費用を請求する場合（収入と支出を両建にする場合）	課税売上高となる	原状回復費用は課税仕入れに該当し、原状回復費用（課税収入）とその後に発生する家賃（非課税収入）のいずれにも対応するものとして共通対応分に区分する	原状回復費用は課税仕入れに該当し、原状回復費用（課税収入）とその後に発生する家賃（課税収入）のいずれにも対応するものとして課税売上対応分に区分する
原状回復が賃借人と工務店との契約によるものである場合	預り敷金による立替えであり、課税の対象とはならない（賃借人が負担することとなる原状回復費用は賃借人の課税仕入れに該当する）		

6 親族間の取引

1 ◆ 親族間における建物の賃貸借

生計を一にする親族間で不動産の賃貸借を行った場合には、消費税では所得税法56条（事業から対価を受ける親族がある場合の必要経費の特例）の取扱いが適用されないこととなるので注意が必要です。

Ⅲ 不動産賃貸と消費税実務 97

税目	事業者（賃借人）の取扱い	親族（賃貸人）の取扱い
所得税	支払家賃を必要経費に算入することはできないが、物件に課された固定資産税などを必要経費に算入することができる	受取家賃と物件に課された固定資産税などはなかったものとみなす
消費税	店舗などの商業用物件の家賃は課税仕入れに該当するが、物件に関する修繕費などは課税仕入れとはならない	店舗などの商業用物件の家賃は課税売上げに該当し、修繕費などは課税仕入れとなる

▌2◆親族間における土地（敷地）の使用貸借

生計を一にする親族の所有する土地の上に建物を建て、第三者に賃貸するような場合には、土地が賃貸借（有償）か使用貸借（無償）かにかかわらず、建物の所有者に建物の賃貸料が帰属することになります。この場合において、建物の所有者と土地の所有者が異なることを理由として、その対価の額を建物使用料と土地使用料に区分して収受している場合であっても、その賃貸料の合計額がすべて建物の使用料となります（消基通6-1-5（注）2）。

■土地が使用貸借の場合

税目	建物所有者（土地の利用者）の取扱い		親族（土地所有者）の取扱い
所得税	建物の賃貸料収入は全額が建物所有者に帰属する	土地に課された固定資産税などを必要経費に算入することができる（所基通56-1）	
消費税		土地部分と建物部分に区分しても全額が建物の対価（課税売上高）となる	

■土地が賃貸借の場合

税目	建物所有者（土地の利用者）の取扱い		親族（土地所有者）の取扱い
所得税	建物の賃貸料収入は全額が建物所有者に帰属する	支払地代を必要経費に算入することはできないが、土地に課された固定資産税などを必要経費に算入することができる	受取地代と土地に課された固定資産税などはなかったものとみなす
消費税		土地部分と建物部分に区分しても全額が建物の対価（課税売上高）となる。なお、土地の使用料は非課税であり、課税仕入れとはならない。	受取地代は非課税売上げとなり、課税売上割合の計算上分母に算入される

▌3◆親族間における賃貸物件（建物）の使用貸借

所得税法及び消費税法には実質課税の規定がありますので、いわゆる名義貸しは認められないことになります（所法12、消法13①）。

建物の賃貸は、実際には何らノウハウを必要とするものではありませんので、自己の所有する物件を生計を一にする親族の名義で第三者に賃貸しても、その賃貸料収入は、物件の所有者

から親族への金銭贈与になるものと思われます。

　建物の敷地を使用貸借により利用させる場合には、その敷地から直接の収益が発生するわけではありませんので、実質課税の取扱いもされません。

　賃貸物件の場合には、あきらかに物件から家賃収入が発生することになりますので、敷地のような使用貸借という理屈は通用しないということです。

Ⅳ　経費

　不動産の賃貸に関する経費のうち、課税仕入れとなるものを確認します。また、入居者に支払う立退料、マンション管理組合に支払う管理費や修繕積立金など、実務上トラブルの多いものを整理しておきます。

＊「区分欄」に課税仕入れとなるものは「○」、ならないものは「×」で表示

内容	区分
租税公課	×
損害保険料	×
修繕費	○
減価償却費	×
借入金利子	×
地代家賃（地代・住宅家賃）	×
地代家賃（店舗・事務所）	○
給料賃金	×
水道料	○

1　立退料

　賃借人に支払う立退料は、個人事業者と法人に区分したうえで、土地建物の取得に伴うものは物件の取得価額に算入し、その他の立退料は損金（経費）として処理することになります。

内容	取扱い	
	個人	法人
建物の譲渡に伴い、賃借人を退去させるために支払った立退料	譲渡所得の計算上必要経費に算入する（所基通33−7 (2)）	損金
土地建物の取得に伴い、使用者に支払った立退料	物件の取得価額に算入する（所基通38−11、49−4、法令54①一）	
近隣からの苦情などにより、賃借人を立ち退かせるために支払った立退料	不動産所得の計算上必要経費に算入する	損金

　消費税においては、賃貸人が賃借人に支払う立退料は、次の①〜③の理由により支払われるものであり、課税の対象とはなりません（消基通5−2−7）。

①　賃借人が物件を明け渡すことにより、賃貸借の権利が消滅することに対する補償金

② 賃借人が営業を休止することにより生ずる営業上の損失に対する補償金
③ 賃借人が移転等に必要な実費の補償としての補償金

【参考】
　賃借人が、借家権（建物等の賃借人たる地位）を賃貸人以外の第三者に譲渡した場合には、たとえ「立退料」の名目で収受したとしても、無形固定資産（借家権）の売買として課税されることとなります。

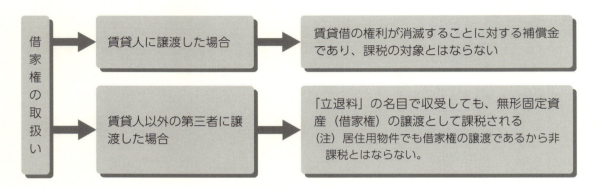

2　マンション管理費と修繕積立金

　マンション管理組合は、その居住者である区分所有者を構成員とする組合です。よって、組合と組合員との間で行う取引は、本支店間で行われる内部取引と同様のものであり、営業に該当しないものとして取り扱われます。
　したがって、マンション管理組合が組合員から収受する金銭に対する消費税の課税関係は次のとおりとなります《国税庁質疑応答事例（消費税）－資産の譲渡の範囲15（マンション管理組合の課税関係）》。

内容		取扱い
駐車場の貸付け	組合員である区分所有者に対する貸付け	不課税
	組合員以外の者に対する貸付け	課税
管理費の収受		不課税

　結果、組合員である区分所有者が管理組合に支払う駐車場料金や管理費は課税仕入れとはなりません。
　また、修繕積立金は、区分所有者となった時点で管理組合へ義務的に納付しなければならないものであるとともに、管理規約において、納入した修繕積立金は、管理組合が解散しない限り区分所有者へ返還しないこととしているのが一般的です（マンション標準管理規約（単棟型）（国土交通省）第60条第6項）。
　しかし、管理組合に修繕積立金を支払った時点では、「修繕」という役務の提供を受けたわけではありませんので、組合員は、支払った修繕積立金についても課税仕入れとして処理する

ことはできません。

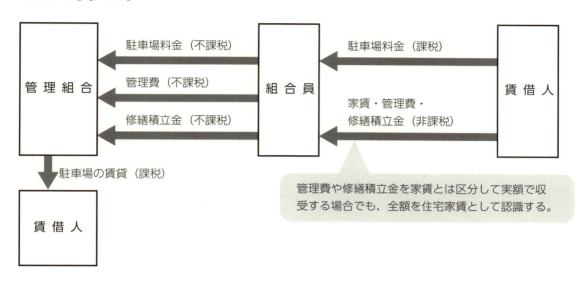

【参考】
　修繕積立金については、大規模修繕等の費用の額に充てられるために長期間にわたって計画的に積み立てられるものであり、原則的にはその修繕等が完了した日の属する年における必要経費に算入されることになります（所基通37-2）。
　ただし、修繕積立金の支払いがマンション標準管理規約に沿った適正な管理規約に従い、次の事実関係の下で行われている場合には、その修繕積立金について、その支払期日の属する年分の必要経費に算入しても差し支えないものとされています。
① 区分所有者となった者は、管理組合に対して修繕積立金の支払義務を負うことになること
② 管理組合は、支払を受けた修繕積立金について、区分所有者への返還義務を有しないこと
③ 修繕積立金は、将来の修繕等のためにのみ使用され、他へ流用されるものでないこと
④ 修繕積立金の額は、長期修繕計画に基づき各区分所有者の共有持分に応じて、合理的な方法により算出されていること
※国税庁質疑応答事例（所得税）「必要経費8（賃貸の用に供するマンションの修繕積立金の取扱い）」

V　簡易課税制度の活用

　簡易課税制度は中小事業者について認められている仕入控除税額の特例計算です。簡易課税制度の適用を受ける場合には、実額による課税仕入れの集計はせずに、みなし仕入率により仕入控除税額を見積り計算します。したがって、課税売上割合の計算も必要ありません。
　簡易課税制度は、実額による仕入控除税額の計算が困難な事業者に配慮して設けられたものですが、実務上は、簡易課税制度の適用を受ける場合と受けない場合とで比較検討したうえで、どちらが有利になるかを判断する必要があります。
　不動産賃貸業の場合、主たる経費である固定資産税や借入金利子、減価償却費などは課税仕

入れとなりませんので、簡易課税制度の適用を受けた方が有利になるケースが圧倒的に多いようです。

　ただし、簡易課税の適用を受けている限り、どんなに多額の設備投資があったとしても消費税の還付を受けることはできません。また、簡易課税を選択した場合には、課税期間が１年サイクルの場合、２年間の継続適用義務があることにも注意する必要があります。

簡易課税制度のメリット	簡易課税制度のデメリット
●課税売上割合の計算や課税仕入高の集計などの実額計算が不要となる ●帳簿の記帳と請求書等の保存義務がない ●実際に負担した税額以上に仕入税額控除ができるケースがある	●設備投資などについて、消費税の還付を受けることができない ●原則として２年間の継続適用義務がある

※「簡易課税制度選択（不適用）届出書」については第２部の第１章Ⅱで詳細に解説しています。

　簡易課税制度を適用する場合の不動産業のみなし仕入率は40％です。したがって、「実額による仕入控除税額」と「売上税額×40％」を比較して簡易課税の適用の是非を検討する必要があります。また、不動産業の場合には、主たる収入に土地の売上高や住宅家賃収入などがあるために、課税売上割合が95％未満となるケースが多くなることにもご注意ください。

判定	結果
売上税額×40％＞本則課税による仕入控除税額	簡易課税が有利
売上税額×40％＜本則課税による仕入控除税額	本則課税が有利

　上記の判定のほか、簡易課税の継続適用義務や調整対象固定資産（高額特定資産）を取得した場合の３年縛りについても注意する必要があります。

Ⅵ　固定資産に関する税額調整

　企業利益を計算する場合、建物、機械などの固定資産の取得価額については、耐用年数に応じ、減価償却費として毎期費用配分するわけですが、消費税の世界では、固定資産を購入した時に負担した消費税は、その取得した課税期間において、その全額が仕入税額控除の計算に取り込まれることになります。

　しかし、固定資産のように長期間にわたり使用するものについてまでも、購入時の状況やその用途により税額控除を完結させてしまうことにはいささか問題があります。そこで、課税売上割合が著しく変動した場合や、固定資産の用途を変更した場合には、その固定資産の当初の控除税額について後から調整を加えることとしたものです。

　不動産賃貸業であれば、居住用物件の賃貸収入は非課税、商業用物件の賃貸収入は課税となりますので、新たに賃貸物件を取得した場合には、その用途により、その後の課税売上割合が大きく変動することがあります。居住用（商業用）賃貸物件を商業用（居住用）に転用した場

合にも、税額調整が必要となることがあるのです。

1 税額調整の対象となる調整対象固定資産

1 ◆ 調整対象固定資産の範囲（消法2①十六、消令5、消基通12-2-1）

　税額調整の対象となる調整対象固定資産とは、建物、構築物、機械装置、車両運搬具、工具器具備品などで、一取引単位の税抜きの取得価額が100万円以上の固定資産です。

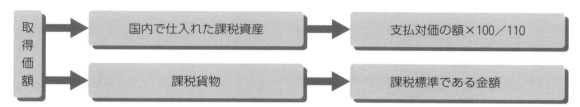

　ただし、土地などの非課税資産や棚卸資産は、取得価額が100万円以上であっても調整対象固定資産には該当しません。また、特許権や実用新案権などの無形固定資産、不動産の賃借に伴い支出する権利金のような繰延資産についても、税抜対価が100万円以上であれば調整対象固定資産に該当します。

2 ◆ 調整対象固定資産の取得価額（消基通12-2-2）

　100万円と比較する固定資産の取得価額には、引取運賃や荷役費などの付随費用は含まれません。したがって、税抜きの本体価額により調整対象固定資産に該当するかどうかの判定をすることになります。

　これに対し、棚卸資産の取得価額には、引取運賃や荷役費、販売準備費用などの付随費用を含めたところで調整税額の計算をすることとされています（消令54①一）。

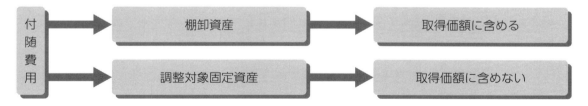

3 ◆ 共有物の取扱い（消基通12-2-4）

　共同で購入した共有物については持分割合に応じて100万円判定をすることとされています。
　たとえば、他社と均等に出資して機械装置を1,760,000円（税込）で取得した場合には、機械装置の取得価額は100万円以上（160万円）であるものの、持分割合による取得価額は100万円未満（80万円）となりますので、調整対象固定資産には該当しないものとして取り扱われます。

　　1,760,000円×100／110＝1,600,000円

1,600,000円÷2＝800,000円＜1,000,000円

∴調整対象固定資産に該当しない

4 ◆ 資本的支出 （消基通12－2－5）

調整対象固定資産の修理や改良などをした場合において、その支出が「資本的支出」に該当する場合には、その税抜きの金額が100万円以上であればその「資本的支出」も調整対象固定資産として扱われます。この場合において、修理、改良等が課税期間にまたがって行われる場合には、課税期間ごとに要した金額により100万円判定をすることになります。

具体例 2期にまたがる資本的支出の取扱い

建物の増設に伴い、x1期に旧設備を取り壊し、x2期に建物を増設した場合には、x1期の取壊し費用とx2期の増設費用について別々に100万円判定をすることになります。

ただし、土地造成費などについては、土地そのものが調整対象固定資産には該当しないため、たとえ100万円以上の金額であっても調整対象固定資産とはなりません。

※資本的支出　事業の用に供されている資産の修理、改良等のために支出した金額のうち、その資産の価値を高め、又はその耐久性を増すことになると認められる部分に対応する金額をいいます。

2 調整対象固定資産を転用した場合の税額調整 （消法34、35）

1 ◆ 概要

調整対象固定資産を取得し、これを課税業務用に使用したと仮定します。個別対応方式により仕入控除税額の計算をすれば、その固定資産に課された消費税は全額が控除できることになります。ところが、この固定資産をその後に非課税業務用に転用したとしたらどうでしょう…。当初から非課税業務用としていれば、まったく仕入税額控除はできなかったわけですから、固定資産について、購入時の用途だけで税額控除を完結させることには問題があるということがおわかりいただけると思います。

そこで、調整対象固定資産を取得の日から3年以内に転用した場合には、次のような調整計算をすることとしているのです。

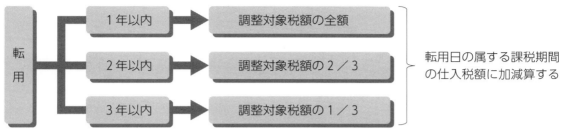

（注）「調整対象税額」とは、その調整対象固定資産に課された消費税額のことをいう。

つまり、取得日から転用日までの期間の経過に応じ、課税業務用のものを非課税業務用に転用した場合には、転用日の属する課税期間の調整前の仕入税額から減算し、非課税業務用のものを課税業務用に転用した場合には逆に加算するということです。

なお、調整対象固定資産を課税業務用から非課税業務用に転用した場合において、調整税額が、転用日の属する課税期間の調整前の仕入税額から控除しきれないケースも想定されます。これは、調整対象固定資産を取得した時の仕入控除税額が多すぎたから控除できなくなったわけですから、その控除しきれない金額を、「控除過大調整税額」として課税標準額に対する消費税額に加算することとされています。

2 ◆ 適用要件

転用による税額調整は、個別対応方式により仕入控除税額を計算した場合に限り行うものですが、たとえ個別対応方式を適用した場合であっても、共通用に区分したものを転用した場合や共通用に転用したような場合には適用されません（消基通12－4－1・12－5－1）。

調整対象固定資産を取得した期において、課税売上割合が95％以上の場合や一括比例配分方式を適用した場合についても、もちろん適用除外となります。

次の①と②の場合に限り、適用されることに注意してください。

なお、3年を超えてからの転用についても調整は不要となります。

① 個別対応方式により、課税業務用として仕入控除税額を計算したものを、3年以内に非課税業務用に転用した場合
② 非課税業務用として仕入控除税額を計算したものを、3年以内に課税業務用に転用した場合

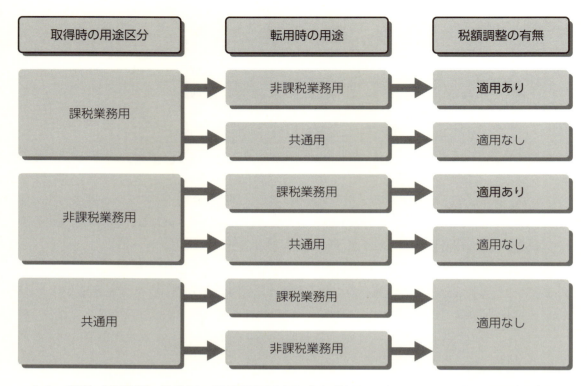

　なお、課税（非課税）業務用の調整対象固定資産を共通用に転用し、その後に非課税（課税）業務用に再転用した場合であっても、最終的に3年以内の転用であれば税額調整の規定が適用されることになります（消基通12－4－1（注）1・12－5－1（注））。

3 ◆ 免税事業者となった課税期間等が含まれている場合 （消基通12－4－2・12－5－2）

　調整対象固定資産を転用した場合の税額調整は、調整対象固定資産を取得した課税期間と転用した課税期間で本則課税を適用している場合に限り、適用されるものですが、真ん中の課税期間については一切制約は設けられていません。

　したがって、調整対象固定資産を取得した課税期間から転用した課税期間までの間に免税事業者であった課税期間があったとしても、頭と尻尾が本則課税である限り、税額調整が必要になるということです。

（注）転用日の属する課税期間において簡易課税制度の適用を受けている場合、免税事業者の場合には、税額調整は一切必要ありません。

4 ◆ 個人事業者の取扱い

消費税法基本通達12－4－1（調整対象固定資産を一部非課税業務用に転用した場合等の調整）の（注）2では、個人事業者が<u>課税業務用調整対象固定資産を家事のために使用した場合</u>には「みなし譲渡」の規定を適用することとしています。

> 無償取引であっても次の①と②の取引についてだけは例外的に課税の対象に組み込むこととしており、この取扱いを消費税法基本通達では「みなし譲渡」と命名しています。
> ① 個人事業者の棚卸資産又は事業用資産の家事消費又は家事使用
> ② 法人の役員に対する資産の贈与
> しかし、「みなし譲渡」の規定が適用されるのは、課税業務用の事業用資産に限られるものではありません。共通用のものや非課税業務用の資産であっても、事業用の資産を家事用に転用した場合には、「みなし譲渡」の規定が適用されることになるわけですから、本通達の注意書きが、実務に誤解を与えることになりはしないかと心配です。

※みなし譲渡における対価の額の計算方法については125～126頁をご参照ください。

5 ◆ 居住用賃貸建物を転用した場合の取扱い

貸店舗などの課税業務用調整対象固定資産を3年以内に居住用（非課税業務用）に転用した場合には、転用日の属する課税期間で税額調整が必要となります。

これに対し、非課税業務用調整対象固定資産に該当する「居住用賃貸建物」を3年以内に課税業務用に転用したとしても、居住用賃貸建物についてはそもそも仕入税額控除の規定が適用されませんので、非課税業務用調整対象固定資産を課税業務用に転用した場合の仕入税額控除の調整もできないことになります。

居住用賃貸建物を取得して、第3年度の課税期間の末日までに課税業務用に転用した場合には、転用日以後に発生する課税家賃収入をベースに計算した「課税賃貸割合」により調整税額を計算することになります。

※居住用賃貸建物の取扱い（令和2年度改正）については、第1章のⅢをご参照ください。

3　課税売上割合が著しく増加した場合の税額調整 （消法33、消令53）

たとえば、建物を購入した期の課税売上割合が20％で、一括比例配分方式により仕入控除税額を計算したと仮定します。この場合の仕入控除税額は、建物に課された消費税の20％となる

わけですが、仮にその後の課税期間の課税売上割合が50％、80％と増加していったケースを考えてみてください。購入するタイミングがもうすこしズレていれば、建物に課された消費税の50％あるいは80％を控除できたわけですから、その後も建物を長期にわたり使い続けることを考えれば、課税売上割合の変動を考慮したうえで、控除税額を再計算する必要があることをおわかりいただけると思います。

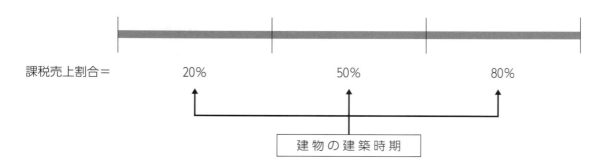

1 ◆ 適用要件

次の①～③のすべての要件を満たす場合に税額調整の規定を適用することができます。

①	変動要件	課税売上割合が著しく変動したか否かについては、「変動率」が50％以上であり、かつ、「変動差」が5％以上であることにより判定します。 変動率＝$\dfrac{通算課税売上割合－仕入れ等の課税期間における課税売上割合}{仕入れ等の課税期間における課税売上割合}$ 変動差＝通算課税売上割合－仕入れ等の課税期間における課税売上割合
②	計算要件	仕入れ等の課税期間において、調整対象固定資産につき、比例配分法により仕入控除税額を計算していることが要件となります。 ○比例配分法とは？ 　次のいずれかの方法による仕入控除税額の計算をいいます。「比例配分法＝一括比例配分方式」ではありませんのでご注意ください。 ●個別対応方式で、課税非課税共通用に区分した課税仕入れ等の税額に課税売上割合を乗じて計算する方法 ●一括比例配分方式により計算する方法 したがって、個別対応方式で「課税業務用」又は「非課税業務用」に区分して仕入控除税額を計算した調整対象固定資産については、どんなに課税売上割合が変動しようとも税額調整の規定の適用はありません。
③	保有要件	第3年度の課税期間の末日において、その調整対象固定資産を保有していることが要件となります。 　したがって、売却や除却により第3年度の課税期間の末日において有していない場合には、税額調整の規定の適用はありません。

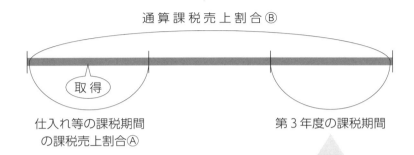

◆変動要件の判定

$$\frac{Ⓑ - Ⓐ}{Ⓐ} \geq 50\% \quad かつ \quad Ⓑ - Ⓐ \geq 5\%$$
（変動率）　　　　　　　　（変動差）

2 ◆ 調整税額の計算方法

　第3年度の課税期間で調整する税額は、下記の算式により計算します。つまり、通算課税売上割合により再計算した税額と、仕入れ等の課税期間で実際に控除した税額との差額を調整するということです。

　　調整対象固定資産の取得価額 × 7.8／110 ＝ 調整対象基準税額Ⓜ

　　　Ⓜ × Ⓑ － Ⓜ × Ⓐ ＝ 調整税額

具体例

　次の資料により、x1年度中に1,100万円（税込）の調整対象固定資産を取得したケースについて、具体的な計算方法を確認します。なお、x1年度の仕入控除税額の計算は一括比例配分方式を採用しています。

（年度）	（税抜課税売上高）	（税抜総売上高）	（課税売上割合）
x1年度	1,000万円	5,000万円	20%
x2年度	3,000万円	6,000万円	50%
x3年度	7,200万円	9,000万円	80%

Ⅵ　固定資産に関する税額調整　｜　109

① 通算課税売上割合

$$\frac{1,000万円+3,000万円+7,200万円}{5,000万円+6,000万円+9,000万円}=56\%$$

② 著しく変動したか否かの判定

変動率 $=\dfrac{0.56-0.2}{0.2}\geqq 50\%$ 変動差 $=0.56-0.2\geqq 5\%$

③ 調整税額

$1,100万円 \times \dfrac{7.8}{110} = 780,000円$

$780,000円 \times 56\% = 436,800円$ …再計算した税額

$780,000円 \times 20\% = 156,000円$ …実際に控除した税額

結果、436,800円から156,000円を控除した残額の280,800円が、x3年度において追加で控除できる税額となります。

4 課税売上割合が著しく減少した場合の税額調整 (消法33、消令53)

課税売上割合が著しく減少した場合には、当初過大に控除しすぎた税額をカットするという意味で、後から控除税額を再計算することとしています。

たとえば、建物を購入した期の課税売上割合が80％で、一括比例配分方式により仕入控除税額を計算したと仮定します。この場合の仕入控除税額は、建物に課された消費税の80％となるわけですが、仮にその後の課税期間の課税売上割合が50％、20％と減少していったケースを考えてみてください。購入するタイミングがもうすこしズレていれば、建物に課された消費税の50％あるいは20％しか控除できなかったわけですから、その後も建物を長期にわたり使い続けることを考えれば、課税売上割合の変動を考慮したうえで、控除税額を再計算する必要のあることがおわかりいただけると思います。

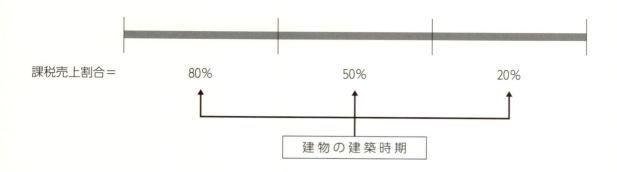

1 ◆ 適用要件

次の①～③のすべての要件を満たす場合に税額調整の規定が適用されます。

①	変動要件	課税売上割合が著しく変動したか否かについては、「変動率」が50％以上であり、かつ、「変動差」が5％以上であることにより判定します。 変動率＝(仕入れ等の課税期間における課税売上割合－通算課税売上割合) / 仕入れ等の課税期間における課税売上割合 変動差＝仕入れ等の課税期間における課税売上割合－通算課税売上割合
②	計算要件	仕入れ等の課税期間において、調整対象固定資産につき、次のいずれかの方法で仕入控除税額を計算していることが要件となります。 ●比例配分法 ●課税売上割合が95％以上であることによる全額控除
③	保有要件	第3年度の課税期間の末日において、その調整対象固定資産を保有していることが要件となります。

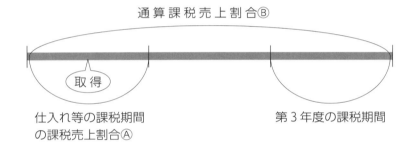

◆変動要件の判定

$$\frac{Ⓐ－Ⓑ}{Ⓐ} \geq 50\% \quad かつ \quad Ⓐ－Ⓑ \geq 5\%$$

（変動率）　　　　　　（変動差）

2 ◆ 調整税額の計算方法

第3年度の課税期間で調整する税額は、下記の算式により計算します。つまり、通算課税売上割合により再計算した税額と、仕入れ等の課税期間で実際に控除した税額との差額を調整（カット）するという意味です。

なお、第3年度の課税期間において、調整前の仕入税額から調整税額が控除しきれないケースも想定されます。これは、調整対象固定資産を取得した時の仕入控除税額が多すぎたから控除できなくなったわけですから、その控除しきれない金額を、「控除過大調整税額」として課税標準額に対する消費税額に加算することとされています。

調整対象固定資産の取得価額×7.8／110＝調整対象基準税額Ⓜ

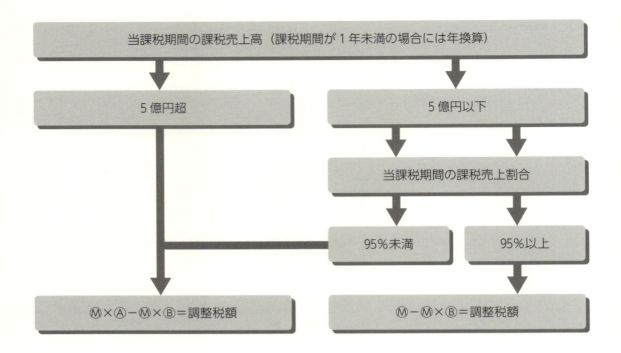

3 ◆ 計算上の留意点

　課税売上割合が著しく減少した場合の調整計算は、課税売上割合が著しく増加した場合と同じように、調整対象固定資産の控除税額を一括比例配分方式で計算した場合、あるいは個別対応方式で共通仕入れに区分して計算した場合に限り行うものです。

　ただし、課税売上割合が著しく減少した場合の税額調整は、当初の課税売上割合が95％以上であることにより調整対象基準税額の全額を控除した場合であっても、変動率、変動差などの要件を満たす場合には税額調整が必要となりますのでご注意ください。

4 ◆ 計算例

　次の資料により、x1年度中に1,100万円（税込）の調整対象固定資産を取得したケースについて、具体的な計算方法を確認します。

（年度）	（税抜課税売上高）	（税抜総売上高）	（課税売上割合）
x1年度	4,900万円	5,000万円	98％
x2年度	3,000万円	6,000万円	50％
x3年度	1,800万円	9,000万円	20％

① 通算課税売上割合

$$\frac{4,900万円＋3,000万円＋1,800万円}{5,000万円＋6,000万円＋9,000万円}＝48.5\%$$

② 著しく変動したか否かの判定

変動率＝$\frac{0.98-0.485}{0.98}$≧50％　変動差＝0.98－0.485≧5％

③ 調整税額

1,100万円×$\frac{7.8}{110}$＝780,000円

780,000円×48.5％＝378,300円…再計算した税額

4,900万円≦5億円

780,000円…実際に控除した税額

結果、780,000円から378,300円を控除した残額の401,700円が、x3年度の調整前の税額からカットされることになります。

5 適用除外となるケース

課税売上割合が変動した場合の税額調整は、「仕入れ等の課税期間」と「第3年度の課税期間」のどちらもが本則課税を適用している場合に限り適用されるものです。

したがって、税額調整が必要となる「第3年度の課税期間」において簡易課税制度の適用を受けるような場合には、税額調整はする必要がありません。

また、「第3年度の課税期間」において免税事業者となっているような場合にも税額調整は不要となります。

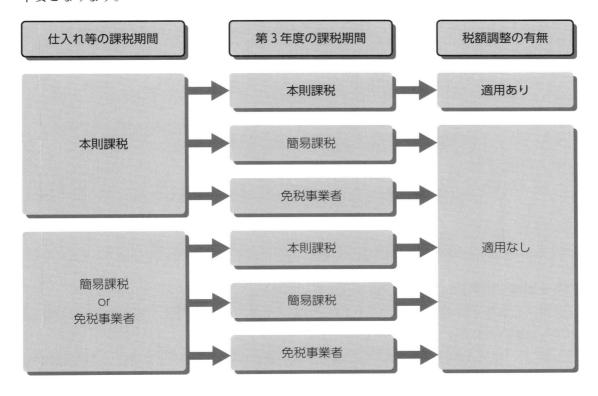

6 第3年度の課税期間

1 ◆ 新設法人などの留意点

「第3年度の課税期間」とは、仕入れ等の課税期間の開始日から3年を経過する日の属する課税期間をいいます。

したがって、課税期間が1年サイクルの場合には、調整対象固定資産を取得した課税期間（仕入れ等の課税期間）の翌々期が第3年度の課税期間となるわけですが、新設法人や決算期を変更した法人の場合には、翌々期が第3年度の課税期間とはならないケースもあるので注意が必要です。

たとえば、10月1日に新設した12月決算法人が、設立事業年度中に調整対象固定資産を取得した場合には、下図のように設立4期目が「第3年度の課税期間」となります。

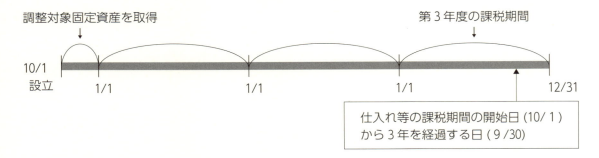

上図の場合においては、設立1期目に取得した調整対象固定資産と設立2期目に取得した調整対象固定資産は、ともに設立4期目が第3年度の課税期間となり、4期目で税額調整の要否を判定することになります。

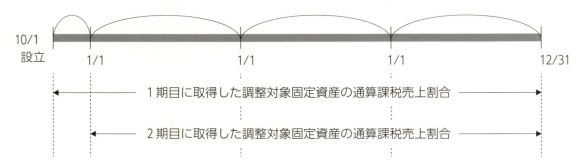

2 ◆ 通算課税期間に免税期間等が含まれている場合

課税売上割合が変動した場合の税額調整は、「仕入れ等の課税期間」と「第3年度の課税期間」のどちらもが本則課税を適用している場合に限り適用されるものです。

ただし、「仕入れ等の課税期間」と「第3年度の課税期間」の間の課税期間（課税期間が1年サイクルであれば真ん中の課税期間）については特段の制約はないことから、この真ん中の

課税期間が免税事業者の場合や簡易課税制度の適用を受けている場合であっても、変動率、変動差などの要件を満たす限り、税額調整は必要となります（消基通12－3－1）。

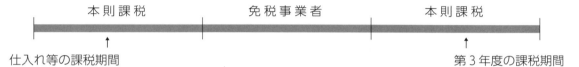

上図のように、真ん中の課税期間が免税事業者の場合には、通算課税売上割合を計算する際に、真ん中の課税期間中の課税売上高は税抜きにしない金額（全額）を用いることに注意する必要があります。

3 ◆ 課税期間を短縮している場合

課税期間を短縮している場合であっても、「第3年度の課税期間」の定義は何ら変わるものではありません。

たとえば、課税期間を3か月に短縮している場合の「第3年度の課税期間」は下図のようになります。

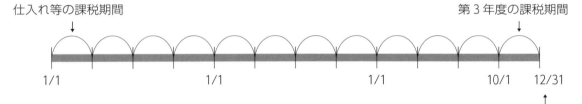

Ⅵ　固定資産に関する税額調整 | 115

第3章 譲渡

　土地や借地権の譲渡は非課税となりますので、その譲渡対価の額を、課税売上割合の計算上、分母に計上することになります。建物や附属設備の譲渡は消費税が課税されますので、土地と建物を同時に譲渡した場合には、土地と建物の対価の区分が重要となります。

　造園業者が売買する庭木や庭石などには当然に消費税が課税されますが、庭木や庭石などの土地の定着物を宅地と一体として譲渡する場合には、その譲渡対価の全額を土地の譲渡対価（非課税）として取り扱うことが認められています。ただし、土地付き建物を譲渡した場合には、たとえ、対価が区分されていない場合であっても、その譲渡対価を土地部分と建物部分に区分する必要があります（消基通6－1－1）。

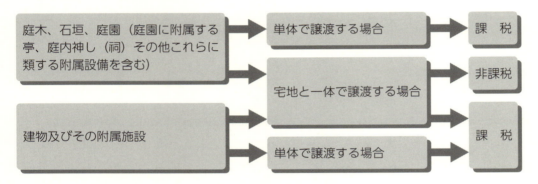

　本章では、土地や建物を譲渡した場合の実務上の留意点を整理するとともに、個人事業者における譲渡所得と経理方式の関係、たまたま土地の譲渡があった場合の課税売上割合に準ずる割合の活用方法について確認します。

I　譲渡対価の額

1　課税資産と非課税資産の一括譲渡

　課税資産と非課税資産を同一の者に同時に譲渡した場合には、次のように課税資産の譲渡対価の額を計算することとされています（消令45③）。

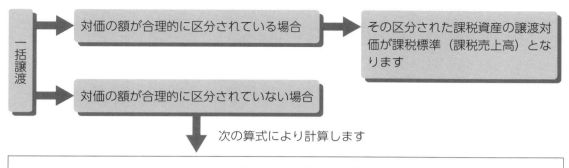

1 ◆ 土地と建物を一括譲渡した場合の区分の方法（消基通10−1−5）

　土地と建物を一括譲渡した場合の譲渡対価の区分の方法としては、所得税や法人税の土地の譲渡等に係る課税の特例の計算における取扱いにより区分することが認められています。ただし、法人税における土地重課課税制度は現在停止されています（措法62の3⑬）。

計算例

　分譲住宅の譲渡対価が6,000万円、建物の建築原価が2,000万円の場合において、措置法通達62の3⑵−4を適用して土地と建物の譲渡対価を区分すると次のようになります。

- 建物の譲渡対価　2,000万円×142％＝2,840万円
- 土地の譲渡対価　6,000万円−2,840万円＝3,160万円

　ただし、措置法通達62の3⑵−3においては、合理的に算定した譲渡対価の額が契約書において明らかにされているときは、その契約書に記載された対価の額をもって計算する旨の定めがあります。つまり、措置法通達62の3⑵−4の取扱いは、あくまでも同通達62の3⑵−3の例外的な取扱いなのであり、契約書に記載された金額を無視してまで142％基準を適用することはできないものと考えるべきです。

　なお、上記の方法による区分のほか、合理的に区分する方法として次のような方法も認められているようです（木村剛志編『消費税実例回答集（十訂版）』524頁（税務研究会出版局））。

① 　譲渡時における時価の比率により按分する方法
② 　相続税評価額や固定資産税評価額を基にして計算する方法
③ 　土地及び建物の原価（取得費、造成費、一般管理費、販売費、支払利子等を含みます）を基にして計算する方法

2 ◆ 契約書に記載された消費税額等の取扱いは？

　不動産業者が土地付き建物を売買する場合には、建物に課される消費税額等を契約書に明記

することが義務付けられています。したがって、契約書に建物の譲渡対価そのものが記載されていなくとも、契約書に記載された消費税額等から建物の売買価格を逆算すればよいわけです。言い換えれば、契約書に明記されている消費税額等を無視して、固定資産税評価額などを基に売買価格を区分することは認められないということです。

計算例

売買契約書に「売買価額6,000万円（消費税額等300万円を含む）」と記載がされている場合の土地と建物の譲渡対価は次のように計算します。

300万円÷10％＝3,000万円…建物の譲渡対価（税抜）

6,000万円－（3,000万円＋300万円）＝2,700万円…土地の譲渡対価

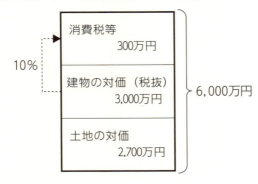

2　固定資産税等の精算金の取扱い（消基通10－1－6）

　固定資産税や都市計画税は、その年1月1日時点の所有者に対して1年分の税金が課税されます。そこで、年の中途に不動産を売却したような場合には、売却日から年末までの期間は購入者の所有期間となることから、この未経過期間分の固定資産税を購入者に請求することが慣習となっています。

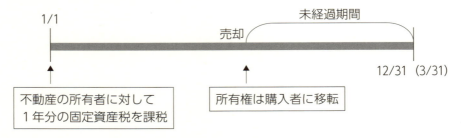

　未経過固定資産税等の精算は法律により義務付けられたものではありません。購入者との間で精算された固定資産税等については、購入者がこれを納税するものではなく、固定資産税等を精算するということは、あくまでも売買する不動産の値段の決め方の一手法に過ぎないのであり、精算金は売買代金の一部分として認識しなければならないのです。

　したがって、不動産の購入者から売買代金とは別に収受した固定資産税等の清算金を、租税公課勘定からマイナスするような処理は認められません。

名義変更が遅れた場合の取扱い

　固定資産税や都市計画税は、その年1月1日時点の所有者に対して1年分の税金が課税されますので、年内に売買は成立しているものの、名義変更（所有権移転登記）が年明けにずれこんでしまったようなケースでは、売買の年の翌年（度）分の固定資産税等についても売手に請求されることになります。

　この場合に精算される固定資産税等は、1月1日時点での本来の所有者である購入者が負担すべきものであり、事実上の立替金に相当するものとして、売買した不動産の対価の額には含めなくてよいこととしています。

3　収用

　道路拡張工事などのために所有する不動産が収用されることがあります。収用により補償金を取得するということは、換言すれば国等に対し土地などを売却し、その対価として補償金を取得するということであり、これは、資産の譲渡等と何ら変わらないことから課税の対象となります（消令2②）。なお、課税の対象となるのは対価補償金だけであり、休廃業又は資産の移転に伴い収受する収益補償金や経費補償金は対価性のないものであり、課税の対象とはなりません（消基通5-2-10）。

(注)　土地が収用されたことによる対価補償金の取得は、課税対象取引に区分したうえで非課税売上高として処理することになります。

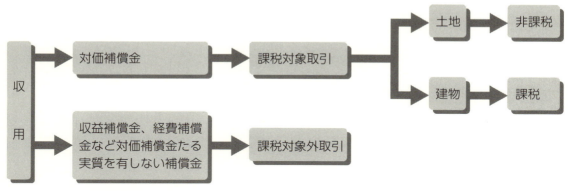

　また、国などから収受する金銭であっても、補助金のように対価性のないものは課税の対象とはなりません（消基通5-2-15）。収用による対価補償金の取得と補助金の取得とは、本質的に異なるものだということに注意してください。

4　家事共用資産の譲渡

　個人事業者は、事業者としての側面と消費者としての側面があります。所得税の計算においては、事業費と家事費の区分が所得計算上のポイントとなり、消費税においても、事業として行った行為か否かの判断が非常に重要となってきます。

　個人事業者が、趣味で保有していたゴルフクラブを売却した場合には、そのゴルフクラブは

家事用資産であるから「事業として」行った行為に該当せず、課税の対象とはなりません。

　個人事業者が、家事共用資産を譲渡した場合には、その譲渡金額を事業用部分と家事用部分とに合理的に区分したうえで、事業用の部分だけが消費税計算に取り込まれることになります（消基通10-1-19）。

　ところで、消費税法基本通達10-1-19（家事共用資産の譲渡）では、譲渡対価を事業用の部分と家事用の部分に合理的に区分するとしているだけで、その具体的な区分方法については、同通達11-1-4（家事共用資産の取得）のような合理的な基準の例示（使用率、使用面積割合等）がありません（第1章Iの 6 を参照）。

　この点について、『平成30年版 消費税法基本通達逐条解説』（616頁。大蔵財務協会）では、譲渡のときの使用割合ではなく、原則として、当該資産を取得した時の区分、すなわち、その資産の使用の実態に基づく使用率、使用面積割合等の合理的な基準により区分することになるものと明記しています。

　そうすると、家事共用資産の取得時と譲渡時の事業専用割合が異なっている場合には、次のように家事共用資産の譲渡対価を計算することになります。

事業専用割合		資産の譲渡対価
取得時	譲渡時	
0%	100%	0
20%	80%	譲渡対価×20%
70%	10%	譲渡対価×70%

　譲渡時の事業専用割合ではなく、取得時の割合を使うという上記の計算方法は、仕入控除税額との整合性という面では合理性があるのかもしれません。ただし、この取扱いは、消費税の法令や通達に明記されているものではありませんので、実務においてこの計算方法を採用することについては問題があるように思えます。

　所得税の申告では、減価償却費に事業専用割合を乗じた部分だけが必要経費になることを考えると、消費税においても、資産の譲渡対価に譲渡時の事業専用割合を乗じた金額を売上高として認識するべきではないでしょうか？

5　共有物件

　共有不動産を譲渡した場合には、それぞれの持分割合に応じて売上高を計算します。たとえば、均等出資で保有する建物を8,800万円で譲渡した場合には、各出資者の課税売上高は4,400万円となります（8,800万円×1／2＝4,400万円）。

6　交換

　「交換」は、現実の売買において金銭のやり取りを省略しただけの行為であり、資産の譲渡に該当します（消基通5-2-1（注））。よって、資産を交換した場合には、売上高と仕入高がセットで発生することに注意する必要があります。

資産を交換した場合の売上（仕入）金額は次のように計算します（消令45②四）。

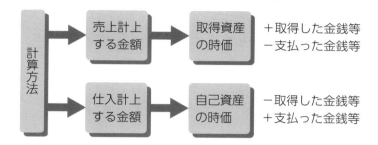

なお、当事者間で定めた資産の価額と実際の相場が異なる場合であっても、それが正常な取引条件に基づく交換であるならば、その合意した価額により売上金額、仕入金額を計上することができます（消基通10－1－8）。

計算例

（1） 自己所有の資産（時価200）と相手先所有の資産（時価180）の交換にあたり、現金20を取得した場合には、売上高は200（180＋20）、仕入高は180（200－20）となります。

◆売上金額の考え方

> 交換の場合には、売上代金を収受する代わりに相手資産を取得するわけですから、相手資産の時価（180）が売上計上する金額の基準となります。なお、時価の差額を補うために取得した金銭（20）は、まさに売上代金の一部であることから、これを売上金額に加算します。
>
>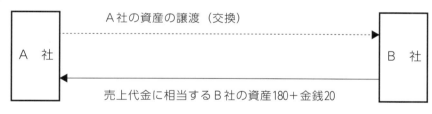

◆仕入金額の考え方

　交換の場合には、仕入代金を支払う代わりに自己資産を引き渡すわけですから、自己資産の時価（200）が仕入計上する金額の基準となります。なお、取得した金銭（20）については、仕入代金について釣銭を収受したと考え、これを仕入金額から控除します。

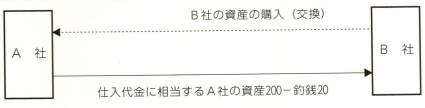

（2）　自己所有の資産（時価180）と相手先所有の資産（時価200）の交換にあたり、現金20を支払った場合には、売上高は180（200－20）、仕入高は200（180＋20）となります。

◆売上金額の考え方

　売上代金に相当する相手資産の時価（200）が売上計上する金額の基準となります。なお、時価の差額を補うために支払った金銭（20）は、売上代金について釣銭を支払ったと考え、これを売上金額から控除します。

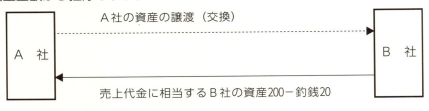

◆仕入金額の考え方

　仕入代金に相当する自己資産の時価（180）が仕入計上する金額の基準となります。なお、支払った金銭（20）は、まさに仕入代金の一部であることから、これを仕入金額に加算します。

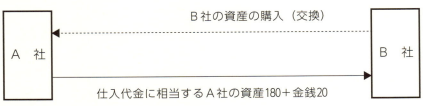

（3）　自己所有の資産（時価180）と相手先所有の資産（時価200）について、取引価額を190と定めて交換した場合には、その取引が正常な取引条件に基づいて行われたものである限り、売上高と仕入高はともに190となります。

◆売上金額の考え方

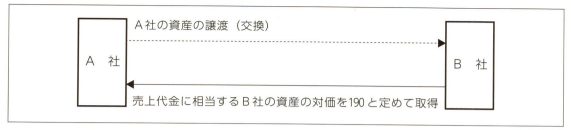

◆仕入金額の考え方

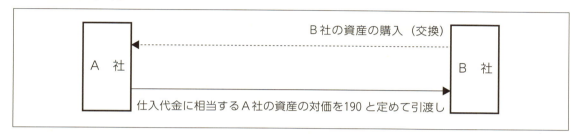

7 資産の譲渡等に類する行為

1 ◆代物弁済

　借入金の返済のために債権者に資産を引き渡すことを「代物弁済」といいますが、この代物弁済という行為は、資産を売却した代金で借金を返済することと実態は何ら変わらないことから資産の譲渡等に含めることとされています（消法2①八）。

　この場合の売上（仕入）金額は、消滅する債務の額に支払いを受ける金額を加算した金額となります（消令45②一）。

計算例

（１）　金銭の授受がないケース

　100の借入金の返済にあたり、債権者に時価100の資産を引き渡した場合には、消滅する債務の額100が売上高となります（債権者は100の仕入高が発生します）。

（２）　時価との差額につき、債務者が金銭を収受するケース

　100の借入金の返済にあたり、債権者に時価120の資産を引き渡し、現金20を収受した場合には、消滅する債務の額100と別途収受した金額20の合計額である120が売上高となります（債権者は120の仕入高が発生します）。

（３）　時価との差額につき、債務者が金銭を支払うケース

　100の借入金の返済にあたり、債権者に時価80の課税資産を引き渡し、現金で20を返済した場合には、消滅する債務の額80（100−20）が売上高となります（債権者は80の仕入高が発生します）。

2◆負担付き贈与

借金の肩代わりを条件として資産を贈与するような行為を「負担付き贈与」といいますが、これは相手に負担させる金銭等の額が、実質的に贈与した資産の売却代金に相当するものであり、資産の譲渡等に含めることとされています（消令2①二）。

この場合の売上（仕入）金額は、その負担付き贈与に係る受贈者の負担の価額に相当する金額となります（消令45②一）。

計算例

（1）　金銭の授受がないケース

100の借入金の肩代わりを条件として、時価100の資産を贈与した場合には、贈与者は相手方に負担させる借入金の額100が売上高となります（受贈者は100の仕入高が発生します）。

（2）　時価との差額につき、贈与者が金銭を収受するケース

100の借入金の肩代わりを条件として、時価120の資産を贈与し、時価と借入金の差額20を現金で収受した場合には、贈与者は相手方に負担させる借入金の額100と金銭20との合計額である120が売上高となります（受贈者は120の仕入高が発生します）。

（3）　時価との差額につき、贈与者が金銭を支払うケース

100の借入金の肩代わりを条件として、時価80の資産を贈与し、現金20を支払う場合には、贈与者が相手に負担させる借入金の額は実質80（100−20）であり、これが売上高となります（受贈者は80の仕入高が発生します）。

3◆現物出資

新設された法人の株式等を取得するために、金銭の出資に代えて土地や建物などの資産を現物で出資する行為を「現物出資」といいますが、これは新設された法人に資産を売却し、その売却代金で株式等を購入することと実態は何ら変らないことから資産の譲渡等に含めることとされています（消令2①二）。

この場合の売上（仕入）金額は、出資により取得する株式等の取得時の時価となります（消令45②三、消基通11−4−1）。

計算例

土地（時価1,000）及び建物（時価500）を出資して会社を設立した場合には、株式の発行時の時価1,500が出資（譲渡）した土地と建物の対価となります。

$$1,500 \times \frac{1,000}{1,000+500} = 1,000 \cdots 土地の譲渡（購入）対価$$

$$1,500 \times \frac{500}{1,000+500} = 500 \cdots 建物の譲渡（購入）対価$$

【参考】

　金銭出資により新設された法人の株式を取得した後に、資産を譲渡して出資金銭を回収するような法人の設立形態を「事後設立」といいますが、この事後設立による資産の譲渡は現物出資とは異なるものです。したがって、事後設立の場合には、出資した金銭の額ではなく、現実の資産の売買金額が譲渡（購入）対価となることに注意する必要があります（消基通5−1−6、11−4−1（注））。

計算例

　金銭を出資し、新設された法人の株式を取得した後に、契約に基づき出資者に対して土地付建物を1,000で譲渡した場合には、現実の譲渡対価である1,000が土地と建物の譲渡対価となります。

　このケースで、対価の内訳が区分されていない場合には、出資者は、時価の比率などにより譲渡対価を按分し、建物の譲渡対価を課税売上高、土地の譲渡対価を非課税売上高として処理します（計算方法は **1** を参照）。

8 対価未確定

　課税期間末日において、売上高（仕入高）が未確定の場合には、期末の現況により適正に見積計上することとされています。

　なお、翌期以降において対価の額が確定した場合には、その確定した期の売上高（仕入高）に差額を加減算することとされていますので、前期以前にさかのぼって修正申告や更正の請求をする必要はありません（消基通10−1−20、11−4−5）。

9 みなし譲渡

　消費税は、原則として有償取引のみを課税の対象とすることから、無償による取引は課税の対象とはなりません。

　ただし、無償取引であっても次の①と②の取引についてだけは例外的に課税の対象に組み込むこととされており、この取扱いを消費税法基本通達では「みなし譲渡」と命名しています。

---

① 　個人事業者の棚卸資産又は事業供用資産の家事消費又は家事使用
　　↓
　　生計を一にする親族が含まれます（消基通5−3−1）

② 　法人の役員に対する資産の贈与

　この場合の売上金額は次により計算することとされています（消法4⑤、28③、消基通10−1−18）。

I　譲渡対価の額　125

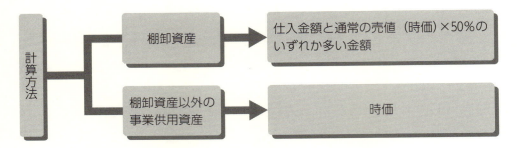

　なお、みなし譲渡の規定は、居住用賃貸建物についても適用されることとなりますのでご注意ください（居住用賃貸建物に対する仕入税額控除の制限については第1章Ⅲをご参照ください）。

> 　みなし譲渡の規定を杓子定規に捉えると、個人の不動産賃貸業者が賃貸物件に無償で親族を入居させた場合には、物件の時価を基準に土地の売上高と建物の売上高を計上して申告しなければいけないことになりそうです。たとえわずかでも賃料を収受していたら「みなし課税」はないのに対し、無償による使用についてだけみなし課税されるということに、どうしても違和感を感じてしまいます。
> 　ところで、消費税法基本通達5－3－2では、個人事業者が事業用の自動車を家事のためにも利用する場合のように、事業転用部分が明確に区分できない場合にはみなし譲渡の対象とはならないこととしています。しかし、賃貸物件は床面積割合により家事使用の部分を明確に区分することができますので、本通達を適用してみなし課税の適用除外とすることはできないように思われます。

10 低額譲渡

　消費税では原則として時価による認定は行わず、実際の譲渡対価を基に税額計算を行うこととしていますが、法人の役員に対する資産の譲渡についてだけは、例外的に次のように取り扱うこととなっています（消法28①、消基通10－1－2）。

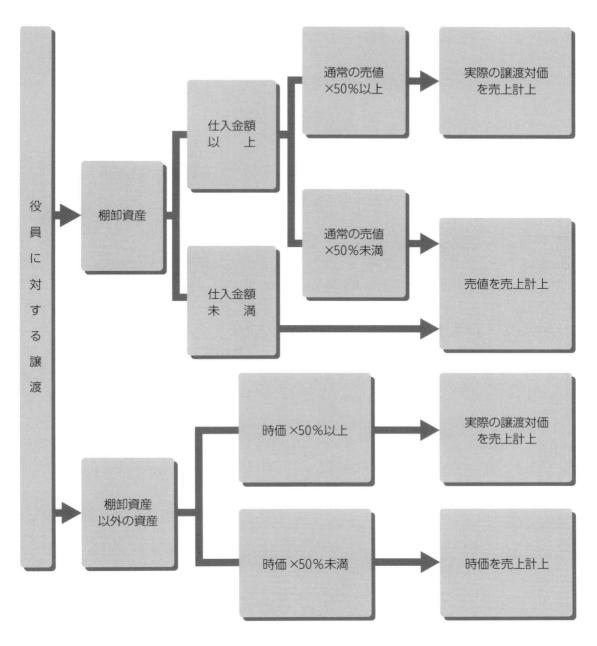

(注) 時価の50％未満の価額による譲渡であっても、役員及び使用人の全部につき、一律に又は勤続年数等に応ずる合理的な値引率に基づくものであれば、低額譲渡には該当しない。

　実務における取扱いですが、上記のように、役員に対する資産の譲渡対価が時価の50％未満でない限り、消費税において時価課税されることはありません。たとえば、時価100万円の土地を役員に60万円で譲渡した場合には、消費税の計算では60万円が譲渡対価（非課税売上高）となります。

　しかし、法人税の世界では、時価と譲渡対価の差額40万円が役員給与と認定され、損金にならないと同時に源泉税が徴収されることになるのです。では、従業員や取引先の役員であった

らどうか…ということですが、従業員に資産を贈与した場合には時価が給与課税され、源泉税の徴収義務が発生することになります。低額譲渡であれば時価と譲渡対価の差額が給与課税の対象となります。また、取引先の役員に対する資産の贈与であれば、時価が交際費として認定されることになるでしょう。

　実務の現場では、消費税だけでなく、所得税や法人税のことも念頭に置いたうえで税務判断をする必要があるということです。

　なお、役員に対する資産の無償貸付けや無償による役務の提供は、みなし譲渡や低額譲渡の対象とはなりません（消基通5-3-5）。

Ⅱ　譲渡所得と経理方式

　個人事業者の譲渡所得の計算は、その資産を業務の用に供していた所得（不動産所得、事業所得、山林所得、雑所得）の計算で採用した経理方式と同一の方式によることとされています（消費税法等の施行に伴う所得税の取扱いについて2（注）2）。

　したがって、税抜経理を採用している不動産賃貸業を営む個人事業者が賃貸物件を譲渡した場合には、税抜きの収入金額及び必要経費（譲渡費用）を基に譲渡所得金額の計算をすることになります。

　また、取得費の計算については、「譲渡収入×5％」を取得費とする特例計算が認められています（措法31の4）が、この場合の譲渡収入についても、税込経理の場合には「税込収入金額×5％」、税抜経理の場合には「税抜収入金額×5％」で計算することになります（消費税法等の施行に伴う所得税の取扱いについて12）。

計算例

　事業用の土地建物を、土地70,000、建物33,000（うち消費税等3,000）で売却し、仲介手数料3,300（うち消費税等300）を支払った場合の譲渡所得の計算は次のようになります。

　なお、不動産所得の計算においては税抜経理方式を採用しており、譲渡に係る取得費の計算については5％概算控除によることとします（単位：省略）。

（1）土地の譲渡所得金額

① 収入金額　70,000

② 取得費　①×5％＝3,500

③ 譲渡費用

$$3,000 \times \frac{70,000}{70,000+30,000} = 2,100$$

④ 譲渡所得金額

①－②－③＝64,400

（2）建物の譲渡所得金額

① 収入金額　30,000

② 取得費　①×5％＝1,500

③ 譲渡費用

$$3,000 \times \frac{30,000}{70,000 + 30,000} = 900$$

④ 譲渡所得金額

①－②－③＝27,600

※この譲渡により発生した仮受消費税等3,000と仮払消費税等300は、不動産所得の計算に織り込んで精算（償却）することになります。

Ⅲ　たまたま土地を譲渡した場合の課税売上割合に準ずる割合の活用

1　課税売上割合に準ずる割合とは？

　個別対応方式で仕入れにかかる消費税額を計算する際に、共通対応分の税額を計算する場合には、税務署長の承認を受けることにより、課税売上割合以外の合理的な割合（課税売上割合に準ずる割合）を採用することが認められています（消法30③）。

消基通11－5－7（課税売上割合に準ずる割合）
　課税売上割合に準ずる割合とは、使用人の数又は従事日数の割合、消費又は使用する資産の価額、使用数量、使用面積の割合その他課税資産の譲渡等とその他の資産の譲渡等に共通して要するものの性質に応ずる合理的な基準により算出した割合をいう。

　具体的には、「課税売上割合に準ずる割合の適用承認申請書」を提出し、承認が得られればその承認を受けた課税期間からこれを適用することができます。

　なお、課税売上割合に準ずる割合は、個別対応方式により共通対応分の税額を計算する場合に適用するものですから、たとえ承認申請を受けていたとしても、一括比例配分方式により仕入税額を計算する場合には、課税売上割合しか使えないことに注意してください。

　この課税売上割合に準ずる割合は、事業の種類の異なるごと、費用の種類の異なるごと、事業場の単位ごとにバラバラに適用することができます。

　また、本来の課税売上割合の計算方法を課税売上割合に準ずる割合として申請することにより、事実上、課税売上割合との併用も認められています（消基通11－5－8）。

　この課税売上割合に準ずる割合の適用承認を受けている事業者は実際には少ないようですが、節税対策として今後活用していくべき規定であると考えられます。

　また、いったん承認を受けた課税売上割合に準ずる割合の適用をやめる場合には、「課税売上割合に準ずる割合の不適用届出書」を提出すれば、その提出日の属する課税期間から原則的

な計算によることができます。

(注) 課税売上割合に準ずる割合の承認申請については、一定の日までに承認又は却下の処分がなかった場合における「みなし承認制度」は採用されていませんのでご注意ください。

申請書（届出書）の提出時期

　課税売上割合に準ずる割合は、承認を受けた課税期間から適用することができます。また、「課税売上割合に準ずる割合の不適用届出書」を提出することにより、その提出日の属する課税期間から課税売上割合に準ずる割合の効力は失効することになります。

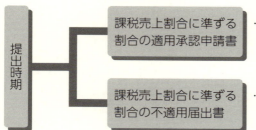

第22号様式

消費税課税売上割合に準ずる割合の適用承認申請書

収受印

令和　年　月　日	申請者	（フリガナ）	
		納　税　地	（〒　　−　　　） （電話番号　　−　　−　　）
		（フリガナ）	
		氏　名　又　は 名　称　及　び 代表者氏名	印
＿＿＿＿税務署長殿		法　人　番　号	※ 個人の方は個人番号の記載は不要です。

※ 法人番号は、税務署提出用2通の内1通のみに記載してください。

2通提出

　下記のとおり、消費税法第30条第3項第2号に規定する課税売上割合に準ずる割合の適用の承認を受けたいので、申請します。

採 用 し よ う と す る 計 算 方 法	
そ の 計 算 方 法 が 合 理 的 で あ る 理 由	

本　来　の　課　税 売　上　割　合	課税資産の譲渡等の 対価の額の合計額　　　　　　円	左記の割合 の算出期間	自 平成 　 令和　　年　月　日
	資産の譲渡等の 対価の額の合計額　　　　　　円		至 平成 　 令和　　年　月　日

参　考　事　項	
税 理 士 署 名 押 印	印 （電話番号　　−　　−　　）

※　上記の計算方法につき消費税法第30条第3項第2号の規定により承認します。

　＿＿＿第＿＿＿＿＿号

　令和＿＿年＿＿月＿＿日　　　　　　　　　　＿＿＿＿税務署長　　　　　　印

※ 税 務 署 処 理 欄	整理番号		部門 番号	適用開始年月日	年　月　日	番号 確認
	申請年月日	年　月　日	入力処理	年　月　日	台帳整理	年　月　日

注意　1．この申請書は、裏面の記載要領等に留意の上、2通提出してください。
　　　2．※印欄は、記載しないでください。

Ⅲ　たたたま土地を譲渡した場合の課税売上割合に準ずる割合の活用 131

第23号様式

消費税課税売上割合に 準ずる割合の不適用届出書

収受印			
令和　　年　　月　　日	届出者	（フリガナ）	
		納　税　地	（〒　　　－　　　） （電話番号　　　　－　　　－　　　）
		（フリガナ）	
		氏　名　又　は 名　称　及　び 代　表　者　氏　名	印
＿＿＿＿税務署長殿		法　人　番　号	※　個人の方は個人番号の記載は不要です。

　下記のとおり、課税売上割合に準ずる割合の適用をやめたいので、消費税法第30条第3項の規定により届出します。

承認を受けている計算方法	
承　認　年　月　日	平成 令和　　　　年　　　　月　　　　日
この届出の 適用開始日	平成 令和　　　　年　　　　月　　　　日
参　考　事　項	
税理士署名押印	印 （電話番号　　　　－　　　－　　　）

※税務署処理欄	整理番号		部門番号		番号確認	通信日付印　　年　　月　　日	確認印
	申請年月日	年　月　日	入力処理	年　月　日		台帳整理	年　月　日

注意　1．裏面の記載要領等に留意の上、記載してください。
　　　2．税務署処理欄は、記載しないでください。

計算例

　物品販売業と不動産賃貸業（賃貸物件はすべて居住用の貸室である）を営んでいる事業者について考えてみましょう。

（1）　収入

① 商品売上高（税抜）	40,000
② 家賃収入	60,000
	100,000

（2）　支出（税率10％：税込）

① 商品仕入高、運送費など課税売上対応の課税仕入高	22,000
② 水道光熱費など共通対応の課税仕入高	11,000
③ 貸家の修繕費など非課税売上対応の課税仕入高	5,500
	38,500

※円単位は省略表示しています

■**課税売上割合に準ずる割合の承認を受けない場合**

（1）　課税売上割合

$$\frac{40,000}{40,000+60,000}=40\%$$

（2）　個別対応方式

$$22,000\times\frac{7.8}{110}+11,000\times\frac{7.8}{110}\times40\%=1,872$$

（3）　一括比例配分方式

$$38,500\times\frac{7.8}{110}\times40\%=1,092$$

（4）　（2）＞（3）　∴1,872

■**販売部門の従業員が9人、不動産賃貸部門の従業員が1人で、課税売上割合に準ずる割合として、従業員の割合を採用することにつき、承認を受けた場合**

（1）　個別対応方式

$$22,000\times\frac{7.8}{110}+11,000\times\frac{7.8}{110}\times\frac{9}{9+1}=2,262$$

（2）　一括比例配分方式

$$38,500\times\frac{7.8}{110}\times40\%=1,092$$

（3）　（1）＞（2）　∴2,262

Ⅲ　たたま土地を譲渡した場合の課税売上割合に準ずる割合の活用

2 たまたま土地の譲渡があった場合

　不動産業や医療業、金融業などの場合には、主たる売上げに非課税のものがあるので課税売上割合は常に95％未満となり、課税仕入れ等の税額について、個別対応方式か一括比例配分方式によるあん分計算が必要となります。

　しかし、課税資産の販売業などの場合には、受取利息、社宅使用料収入、有価証券売却収入などの非課税売上げがあったとしても一般的にその額は僅少であり、結果、課税仕入れ等の税額のほぼ全額が控除対象となるケースがほとんどです。

　このような事業者が、たまたま土地を売却したことにより課税売上割合が95％未満となったような場合には、たまたま土地を売却したことにより、共通対応分の課税仕入れ等の税額について大幅に仕入税額控除が制限されてしまい、事業の実態を反映しないこととなってしまいます。

　個別対応方式を適用する場合、課税仕入れ等の税額は次のいずれかに区分することになります。

① 　課税売上対応分

② 　共通対応分

③ 　非課税売上対応分

　この場合、②の共通対応分とは、言葉のとおり課税売上げと非課税売上げのどちらにも関係している課税仕入れのほか、売上げと明確な対応関係のないもの、たとえば贈与、寄付などをした課税資産の仕入れなどもこれに該当することになります。

　課税資産の販売業であっても、福利厚生費や事務用品費、水道光熱費などの一般管理費は課税売上げと明確な対応関係はなく、言い換えれば受取利息などの非課税売上げにも多少なりとも関係しています。つまり、課税仕入れの用途区分をする場合には、これらの費用は、共通対応分に区分されることになるわけです。

　共通対応分に区分された場合、当然のことながら課税売上割合を乗じた分だけしか税額控除はできないことになり、たまたま土地の譲渡などがあった場合には、土地の売上げにまったく関係していない費用についてまで、結果として税額控除がカットされることになってしまいます。

　そこで、たまたま土地の譲渡があったことにより課税売上割合が95％未満となるような場合には、課税売上割合に準ずる割合の承認申請をすることにより、合理的な割合により共通対応分の消費税額を計算することが認められています。

(注)　有価証券を譲渡した場合には、譲渡対価の全額ではなく、5％だけを非課税売上高に計上すればよいこととされています（消令48⑤）。

　　こういった理由から、有価証券の譲渡については、「たまたま土地の譲渡があった場合の課税売上割合に準ずる割合の承認」と同様の方法で承認を受けることはできません（仕入控除税額の計算方法等に関するＱ＆Ａ【基本的な考え方編】（問31）の（答）の3）。

1 ◆ 要件

次の①～③の要件をすべて満たす場合に限り、承認申請が認められています。
① 土地の譲渡が単発のものであること
② その土地の譲渡がなかったとした場合に、事業者の営業の実態に変動がないと認められること
③ 過去３年間で最も高い課税売上割合と最も低い課税売上割合の差が５％以内であること

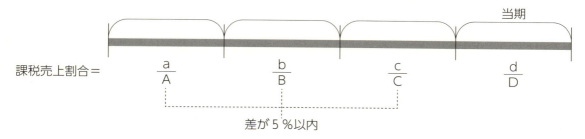

2 ◆ 計算方法

次の①又は②の割合のうち、いずれか低い割合により課税売上割合に準ずる割合の承認を受け、仕入れにかかる消費税額の計算を行うことができます。
① 土地の譲渡があった課税期間の前３年に含まれる課税期間の通算課税売上割合
② 土地の譲渡があった課税期間の前課税期間の課税売上割合

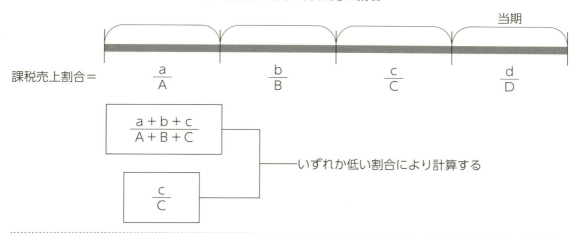

> 土地の譲渡がたまたま（偶発的に）発生したものでない場合には、この方法により承認を受けることは認められません。ただし、事業計画の変更などに伴い、土地を断続的に売却処分している場合などは、課税売上割合をそのまま適用すると、本来業務における事業内容等の実態が仕入控除税額の計算に反映されないこととなってしまいます。このような場合には、土地を整理売却する事業と本来の事業を部門別に区分して管理することにより、それぞれの部門ごとの課税売上割合を課税売上割合に準ずる割合として申請することを検討すべきです（仕入控除税額の計算方法等に関するＱ＆Ａ【基本的な考え方編】（問31））。

計算例

　A社は電化製品の販売業を営んでいますが、当課税期間中に土地を売却したことにより、課税売上割合が95％未満になることが予想されました。そこで、次の①又は②の割合のいずれか低い割合により課税売上割合に準ずる割合の承認を受け、仕入税額を計算することとしています。

① 当課税期間前3年に含まれる課税期間の通算課税売上割合
② 前課税期間の課税売上割合

[営業状況]

（1） 当期の売上高（収入）の内訳は次のとおりです。

　① 課税売上高（税抜）　　　　500,000
　② 非課税売上高　　　　　　　500,000

（2） 当期の課税仕入高の内訳は次のとおりです(10％：税込)

　① 課税売上対応分　　　　　330,000
　② 共通対応分　　　　　　　110,000
　③ 非課税売上対応分　　　　 22,000

（3） 前期以前の売上高は次のとおりです。

	前期	前々期	前々期の前期
課税売上高（税抜）	495,000	490,000	485,000
非課税売上高	5,000	10,000	15,000

※円単位は省略表示しています

（1） 当課税期間の課税売上割合

$$\frac{500,000}{500,000+500,000}=50\%$$

（2） 前期以前の各課税期間における課税売上割合

前期　　$\frac{495,000}{495,000+5,000}=99\%$

前々期　$\frac{490,000}{490,000+10,000}=98\%$

前々期の前期 $\frac{485,000}{485,000+15,000}=97\%$　　　$99\%-97\%=2\%\leqq5\%$

（3） 課税売上割合に準ずる割合

前期の課税売上割合
⇩

$$\frac{495,000+490,000+485,000}{(495,000+5,000)\ +\ (490,000+10,000)\ +\ (485,000+15,000)}=98\%<99\%$$

$$\therefore 98\%$$

第3章　譲渡

（4） 課税仕入れ等の税額

$$330,000 + 110,000 + 22,000 = 462,000$$

$$462,000 \times \frac{7.8}{110} = 32,760$$

（5） 個別対応方式

$$330,000 \times \frac{7.8}{110} + 110,000 \times \frac{7.8}{110} \times 98\% = 31,044$$

（6） 一括比例配分方式

$$32,760 \times 50\% = 16,380$$

（7）　（5）＞（6）　∴31,044

※課税売上割合に準ずる割合の承認を受けない場合の仕入控除税額の計算は、次のようになります。

（1） 課税仕入れ等の税額

$$330,000 + 110,000 + 22,000 = 462,000$$

$$462,000 \times \frac{7.8}{110} = 32,760$$

（2） 個別対応方式

$$330,000 \times \frac{7.8}{110} + 110,000 \times \frac{7.8}{110} \times 50\% = 27,300$$

（3） 一括比例配分方式

$$32,760 \times 50\% = 16,380$$

（4）　（2）＞（3）　∴27,300

参考　非課税売上高が預金利子しかない場合の課税仕入れ等の用途区分

　平成23年度改正によって、95％ルールによる課税仕入れ等の税額の全額控除制度は、その課税期間中の課税売上高が5億円以下の事業者に限り適用することとされました。本改正により、個別対応方式の重要性がにわかにクローズアップされることとなったわけですが、当時、「非課税売上高が預金利子しかない場合には、預金利子に対応する課税仕入れはないことから、課税仕入れ等の税額についてはその全額が控除できる」という怪情報（？）が乱れ飛んだ時期がありました。

　これを受け、国税庁消費税室は、次のようなQ＆Aを公表し、たとえ非課税売上高が預金利子しかない場合であっても、課税売上高と明確な対応関係がない限り、一般管理費などは共通対応分に区分する必要があることを指導しています。

【個別対応方式における用途区分（預金利子がある場合の用途区分）】

（問19）
　非課税資産の譲渡等については預金利子しかなく、この預金利子を得るためにのみ必要となる課税仕入れ等はありません。このような場合は、その課税期間における課税仕入れ等の全てを課税売上対応分として区分できますか。

（答）

　課税売上対応分として特定されない事務費等の課税仕入れ等については、共通対応分として区分することとなります。

　個別対応方式により仕入控除税額を計算する場合には、その課税期間中において行った個々の課税仕入れ等について、必ず、課税売上対応分、非課税売上対応分及び共通対応分に区分する必要があり、この用途区分は、原則として課税仕入れ等を行った日の状況により、個々の課税仕入れ等ごとに行う必要があります（基通11－2－18、基通11－2－20）。

　預金利子を得るためにのみ必要となる課税仕入れ等はないとのことですが、消費税が非課税となる預金利子が事業者の事業活動に伴い発生し、事業者に帰属するものであることからしても、たとえば、総務、経理部門等における事務費など、課税売上対応分として特定されない課税仕入れ等については、共通対応分として区分することとなります。

※「95％ルール」の適用要件の見直しを踏まえた仕入控除税額の計算方法等に関するQ&A〔I〕【基本的な考え方編】―平成23年6月の消費税法の一部改正関係（平成24年3月国税庁消費税室）より抜粋

第4章 承継

相続により被相続人の資産を相続人に移転させる行為は、被相続人から相続人への資産の譲渡ではなく、包括承継として消費税の課税の対象とはなりません。

合併や会社分割による資産の移転も包括承継に該当しますので、被合併法人から合併法人、分割法人から分割承継法人への資産の移転も課税対象外取引となります。

ただし、営業譲渡や現物出資、事後設立による資産の移転は現実の資産の譲渡であり、消費税の課税対象取引となることに注意する必要があります。

形態		取扱い
相続による事業承継		課税対象外取引 ※被相続人、被合併法人、分割法人は売上高を認識する必要はない。また、相続人、合併法人、分割承継法人は、引継資産について、仕入税額控除の対象とすることはできない。
合併による事業承継		
会社分割	新設分割・吸収分割による事業承継	
	現物出資による法人の設立	課税対象取引 ※資産の譲渡者は売上高を認識するとともに、譲受者は課税取引について、課税仕入高を認識することができる。
	事後設立による法人の設立	
営業譲渡		
法人成り		

相続や合併、会社分割があった場合には、納税義務判定の特例制度や特例選択届出書の効力に関する特別な取扱いなどがありますので、不動産の売買や承継を伴う場合には、ことさらに注意する必要があります。

本章では、事業承継に伴う不動産の移転について、実務上の留意点を確認します。納税義務の判定と特例選択届出書の効力については第2部をご参照ください。

I 相続・合併・分割による不動産の承継

相続、合併、会社分割により資産を移転させる行為は、資産の譲渡ではなく、包括承継として消費税の課税の対象とはなりません。ただし、被相続人や被合併法人、分割法人から引き継ぎを受けた棚卸資産や調整対象固定資産について、相続人や合併法人、分割承継法人のサイドで税額調整が必要となるケースがありますので注意が必要です。

1 棚卸資産の税額調整

相続、合併、吸収分割があった場合の販売用不動産（棚卸資産）の取扱いは次のようになります。なお、棚卸資産の税額調整については第1章Ⅳ **1** をご参照ください。

1 ◆ 相続人が年の中途から課税事業者になる場合の取扱い

相続による事業承継があった場合には、相続人の基準期間における課税売上高が1,000万円以下であっても、被相続人の基準期間における課税売上高が1,000万円を超える場合には、相続人は、相続のあった日の翌日から年末までの期間について課税事業者となります(消法10①)。この場合において、相続人が保有する棚卸資産と被相続人から承継する棚卸資産については次の表のように取り扱うことになります。

(注) 相続、合併、分割があった場合の納税義務の免除の特例については第2部の第3章をご参照ください。

情況	取扱い
相続人が保有していた棚卸資産	● 相続人が保有していた棚卸資産は、相続人が免税期間中に仕入れたものであり、仕入税額控除の対象とはならない。 ● よって、課税事業者となる日の前日に保有する棚卸資産については、免税事業者が課税事業者となった場合の税額調整の規定を適用することができる（消法36①かっこ書）。 (注) 合併や吸収分割があった場合の納税義務の免除の特例規定により、合併法人や分割承継法人が事業年度の中途から課税事業者になる場合においても、課税事業者となった日の前日において保有する棚卸資産について、税額調整をすることができる。
被相続人から承継した棚卸資産	● 課税事業者である被相続人から承継した棚卸資産については、被相続人の申告において既に仕入税額控除の対象としているものであり、棚卸資産に係る税額調整の規定は適用できない。 (注) 課税事業者である被合併法人や分割法人から承継した棚卸資産についても、被合併法人や分割法人の申告において既に仕入税額控除の対象としているものであり、棚卸資産に係る税額調整の規定を適用することはできない。

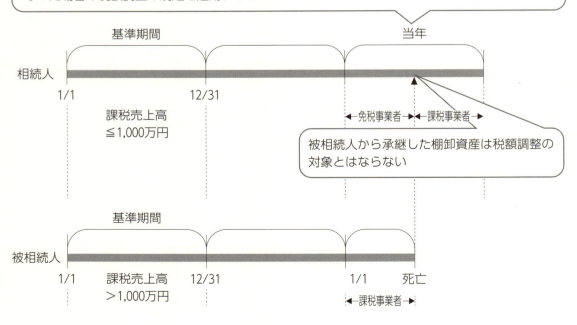

2 ◆ 相続人が課税事業者で、被相続人が免税事業者の場合の取扱い

　相続による事業承継の際に、相続人の基準期間における課税売上高が1,000万円を超えている場合には、被相続人の実績に関係なく、相続人は年初から課税事業者となります。この場合において、被相続人から引き継ぎを受けた棚卸資産のうち、被相続人が免税期間中に仕入れたものは、仕入税額控除の対象としたものではありません。これを課税事業者である相続人が販売した場合には、その売上げについてだけ消費税が課税されることとなります。

　そこで、免税事業者である被相続人から引き継ぎを受けた棚卸資産については、相続人サイドで税額調整の規定を適用することとしています（消法36③）。

（注）　合併や分割により、免税事業者である被合併法人や分割法人から承継した棚卸資産についても、合併法人や分割承継法人サイドで税額調整をすることができます。

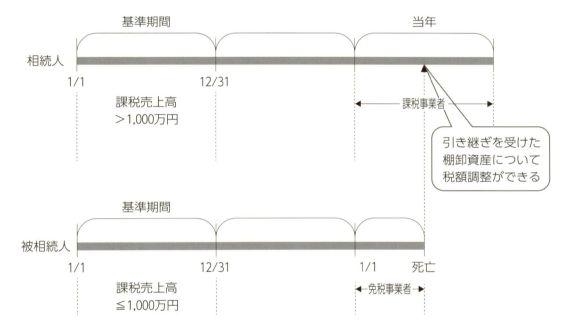

2 調整対象固定資産に関する税額調整

　被相続人や被合併法人、分割法人が取得した調整対象固定資産であっても、適用要件を満たす限りは、相続人や合併法人、分割承継法人の申告において調整対象固定資産に関する税額調整の規定は適用されます（消法33①かっこ書、34①かっこ書、35①かっこ書）。

　この場合において、適用判定や調整税額の計算に用いる通算課税売上割合の計算は、被相続人や被合併法人、分割法人の仕入れ等の課税期間から、相続人や合併法人、分割承継法人の第3年度の課税期間までの売上高を通算して計算することになります。

（注）　調整対象固定資産に関する税額調整については第2章Ⅵをご参照ください。

計算例1 相続があった場合の通算課税売上割合の計算

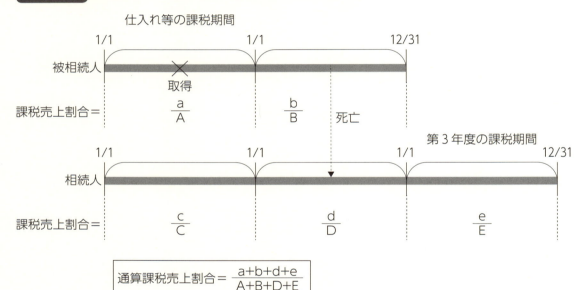

計算例2 合併があった場合の通算課税売上割合の計算(その1)

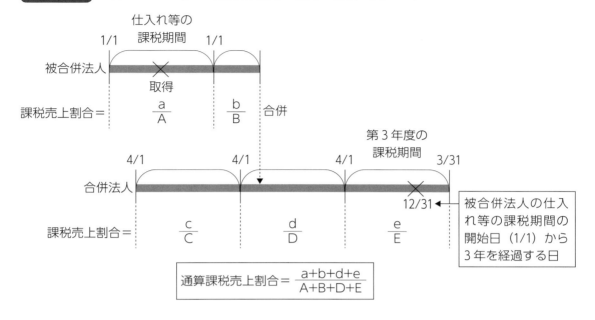

計算例3 合併があった場合の通算課税売上割合の計算(その2)

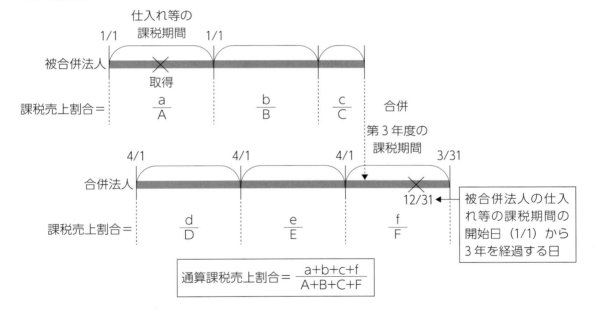

I 相続・合併・分割による不動産の承継

Ⅱ　現物出資・事後設立による会社分割

1　現物出資

　新設された法人の株式等を取得するために、金銭の出資に代えて土地や建物などの資産を現物で出資する行為を「現物出資」といいますが、これは新設された法人に資産を売却し、その売却代金で株式等を購入することと実態は何ら変らないことから資産の譲渡等に含めることとされています（消令2①二）。

　この場合の売上（仕入）金額は、<u>出資により取得する株式等の取得時の時価</u>となります（消令45②三、消基通11－4－1）。

計算例

　土地（時価1,000）及び建物（時価500）を出資して会社を設立した場合には、株式の発行時の時価1,500が出資（譲渡）した土地と建物の対価となります。

$$1,500 \times \frac{1,000}{1,000+500} = 1,000 \cdots 土地の譲渡（購入）対価$$

$$1,500 \times \frac{500}{1,000+500} = 500 \cdots 建物の譲渡（購入）対価$$

2　事後設立

　金銭出資により新設された法人の株式を取得した後に、資産を譲渡して出資金銭を回収するような法人の設立形態を「事後設立」といいますが、この事後設立による資産の譲渡は現物出資とは異なるものです。したがって、事後設立の場合には、出資した金銭の額ではなく、現実の資産の売買金額が譲渡（購入）対価となることに注意する必要があります（消基通5－1－6、11－4－1（注））。

計算例

　金銭を出資し、新設された法人の株式を取得した後に、契約に基づき新設された法人に対して土地付建物を1,000で譲渡した場合には、現実の譲渡対価である1,000が土地と建物の譲渡対価となります。

　この場合において、対価の内訳が区分されていない場合には、出資者は、時価の比率などにより譲渡対価を按分し、建物の譲渡対価を課税売上高として処理します（消令45③）。

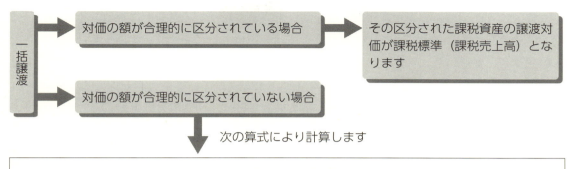

III 営業譲渡

営業の譲渡については、個々の資産ごとに課税の有無を判定するとともに、その譲渡対価を認識することになります。

1 のれん（営業権）が発生する場合

営業の譲渡に伴い、相手先との合意の基、収益力を営業権として認識したうえで譲渡契約を結ぶ場合には、営業権は無形固定資産の譲渡として課税されることになります。

具体例 のれん（営業権）が発生する営業譲渡

店舗を37億円で売却する際に、個々の資産と負債の売買金額は、時価をベースに相手先との合意の基、下記のように定めている。また、売買する資産及び負債の他に、店舗の収益力を営業権として認識したうえで、譲渡契約を結んでいる。

資産： 土地 20億円　売掛金 1億円　建物 10億円　商品 3億円
　　　 営業権 5億円
負債： 買掛金 2億円

資産と共に負債も譲渡する場合には、まずは個々の資産を契約上の金額で譲渡したうえで、その譲渡対価の合計額である39億円（20億円＋1億円＋10億円＋3億円＋5億円）から、相手先に引き継がせる負債（買掛金）の額2億円を支出するものと考えます。
したがって、個々の資産の譲渡対価の算定にあたっては、相手先に引き継がせる負債の額はマイナスしないことに注意してください。

具体的には、土地の譲渡対価20億円は非課税売上高となり、課税売上割合の計算上、分母に計上することになります。また、売掛金は有価証券に該当しますので、その譲渡は非課税となるのですが、資産の譲渡対価として取得した金銭債権を譲渡した場合には、売上の二重計上を防ぐため、課税売上割合の計算には関係させないこととされています（消令48②二）。したがって、売掛金の譲渡対価1億円は、課税売上割合の計算には一切関係させません。

　建物の譲渡対価10億円と商品の譲渡対価3億円はいずれも課税売上高となります。また、営業権についても、互いに譲渡対価を5億円と認識して有償で譲渡するものですから、その譲渡対価5億円は課税売上高となります。

(注) 営業権の譲渡対価5億円は、仕訳上、貸方に「雑収入」として計上することになるものと思われます。

　店舗を譲り受ける事業者は、建物、商品及び営業権の取得は課税仕入れに該当することになります。なお、購入した売掛金は自らの売上計上に伴い取得したものではありませんので、これが貸倒れになったとしても、貸倒れに係る税額控除の規定は適用されませんのでご注意ください（消法39①）。

借方		貸方	
土地	20億円（非課税）	現預金	37億円
売掛金	1億円（不課税）	買掛金	2億円
建物	10億円（課税）		
商品	3億円（課税）		
営業権	5億円（課税）		

2　「負ののれん」が発生する場合

　企業の買収や合併時において、買収された企業の純資産が買収価額を上回る場合の差額を「負ののれん」と呼ぶようです。不採算店舗の処分などにより、譲渡時にマイナスの営業権（負ののれん）が発生する場合には、その差額（負ののれん）は資産の売却損益として処理することになります。

具体例　負ののれんが発生する場合の営業譲渡

　課税資産が時価ベースで10億円、負債が3億円で、純資産7億円の企業を5億円で売買した。なお、譲渡した課税資産の帳簿価額は12億円である。

　上記の売買に伴い、純資産7億円と売買価額5億円の差額2億円が「負ののれん」となります。

　「負ののれん」は、売却した課税資産の売買損益として認識することになりますので、譲渡者の仕訳は次のとおりであり、また、この譲渡に係る課税売上高は8億円となります。

借方	貸方
負債　3億円 現金　5億円 売却損　4億円	課税資産　12億円

↓ ×誤った処理

売却損　2億円
支払手数料　2億円

※たとえ「負ののれん」2億円を上記のように支払手数料などの科目で処理したとしても、これを課税仕入高として認識することはできません。

譲受者の処理

課税資産の取得価額はあくまでも10億円なわけですから、譲受者の仕訳は次のようになります。

借方	貸方
課税資産　8億円　（課税） 課税資産　2億円　（不課税）	負債　3億円 現金　5億円 雑収入　2億円 （又は「差額負債調整勘定」）

帳簿上は課税資産の取得価額は10億円を計上しますが、課税仕入高となるのは8億円だけとなりますのでご注意ください。

雑収入の2億円についてですが、「企業結合に係る会計基準」では、負ののれんについては、一定の要件の下、「負ののれんが生じた事業年度の利益として処理する」こととされてます（会計基準33）。

つまり、会計基準では、負ののれんに限り、償却処理を事実上廃止したということです。

（注）正ののれんは、改正前と同様に20年以内に償却することとされています。

一方、税法上は、正ののれん（資産調整勘定）及び一定の負ののれん（差額負債調整勘定）については5年間で均等に償却し、益金又は損金に算入することが認められています（法法62の8）。

したがって、会計基準と税法上の処理が異なることに注意する必要があります。

また、雑収入2億円は、営業を譲り受ける事業者にあっても、課税売上高に計上する必要はありません。

Ⅲ　営業譲渡　147

Ⅳ 法人成り

　個人事業者が法人を設立し、その事業を法人に引き継がせることを法人成りといいます。法人成りをした場合であっても、事業そのものは継続するわけですが、法律上は個人事業を廃業し、新たに法人として事業を開始するものであるから、新設された法人の納税義務の判定にあたっては、個人事業者の時代の課税売上高は考慮する必要はありません（消基通1－4－6（注））。

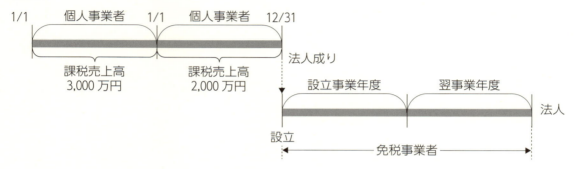

　新設された法人の資本金が1,000万円未満であれば、設立事業年度、翌事業年度ともに基準期間がないので原則として免税事業者となります。ただし、設立第2期の特定期間（設立事業年度の上半期）中の課税売上高と給与等の支払額のいずれもが1,000万円を超える場合、設立第2期の納税義務は免除しないこととされています。

※詳細については第2部の第3章Ⅱをご参照ください。
（注）個人事業者が廃業した場合には、所轄税務署長に「事業廃止届出書」を提出することが義務付けられています（消法57①三）。

1　法人成りの注意点

　個人事業者が法人成りをする場合、個人時代に事業用として使用していた資産を法人に引き継がせることがあります。この場合、帳簿価額で引き継がせれば譲渡所得税は課税されません。
　しかし、帳簿価額で引き継がせるということは、言い換えれば個人が法人に対し、その資産を簿価で売却するわけですから、その個人事業者が課税事業者の場合には、その売却金額を課税売上高に計上して申告しなければならないのです。
　消費税では、売却損益ではなく売却収入が売上げとして認識されるわけですから、これを失念した場合、売上げの計上洩れにつき、修正申告が必要となるので注意が必要です。
　なお、新設された法人が課税事業者の場合には、引き継ぎを受けた課税資産を仕入控除税額の計算に取り込むことができます。

2　廃業＝みなし課税？

　国税庁のタックスアンサーでは、廃業時に保有する事業用資産については「みなし譲渡」の

規定を適用して課税することを明記しています。この取扱いによると、法人成りの時点で個人事業者が保有する事業用資産は、法人が引き継ぐか否かに関係なく、また、有償無償を問わず、課税されることになります。

　この取扱いの根拠法令は一体全体どこにあるのでしょうか…？

> 　個人事業者が事業を廃止した場合、事業の廃止に伴い事業用資産に該当しなくなった車両等の資産は、事業を廃止した時点で家事のために消費又は使用したものとして、事業として対価を得て当該資産を譲渡したものとみなされ（みなし譲渡）、非課税取引に該当しない限り、消費税の課税対象となります。
> 　この場合、当該事業を廃止した時の当該資産の通常売買される価額（時価）に相当する金額を、当該事業を廃止した日の属する課税期間の課税標準額に含める必要があります。
> （国税庁タックスアンサー（消費税）No.6603「個人事業者が事業を廃止した場合」より抜粋）

　消費税法では、「個人事業者が棚卸資産又は棚卸資産以外の資産で事業の用に供していたものを家事のために消費し、又は使用した場合における当該消費又は使用」を「事業として対価を得て行われた資産の譲渡とみなす」と規定しているのであり、上記のタックスアンサーに書かれているような「廃業＝みなし課税」ということは法令にも通達にもどこにも書かれていないのです。

　事業用資産を廃業前に譲渡した場合には課税され、廃業後に譲渡した場合には課税されないということになると、課税のバランスが悪くなるという意見も確かにあろうかと思います。しかし、店舗のように簡単に処分できないような事業用資産について、廃業という事実を理由にみなし課税することにはどう考えても納得できません。また、医療器具のように換金できないような資産は時価をゼロとして評価すればみなし課税はされないという解釈もできるように思えます。いずれにせよ、法令に裏付けもないようなことをタックスアンサーで運用しようとするのではなく、まずは法令を整備すべきではないでしょうか？
※みなし譲渡については125 ～ 126頁をご参照ください。

Ⅳ　法人成り

第2部

不動産の消費税実務における重要項目の再確認

第1章 特例選択（不適用）届出書の効力

免税事業者が消費税の還付を受けるためには、期限までに「課税事業者選択届出書」を提出しなければなりません。また、簡易課税適用事業者は、事前に「簡易課税制度選択不適用届出書」を提出し、仕入控除税額の計算方法を本則課税に変更しておかなければ消費税の還付を受けることはできません。

これらの届出書が期限までに提出できなかった場合には、物件が完成する前であれば、課税期間を短縮して届出書の提出を間に合わせることもできます。

本章では、消費税の還付請求手続において重要な特例選択（不適用）届出書の実務ポイントについて確認していきます。

I 課税事業者選択（不適用）届出書

1 課税事業者選択届出書

1◆届出書の効力発生時期

課税事業者を選択する場合には、課税事業者になろうとする課税期間の開始の日の前日までに「課税事業者選択届出書」を納税地の所轄税務署長に提出しなければなりません（消法9④）。

ただし、事前に提出することが不可能な場合もありますので、次のケースについては、それぞれの課税期間中に提出すれば、その課税期間から課税事業者となることができます（消令20）。

① 新規に開業（設立）をした日の属する課税期間

② 個人事業者が、相続により課税事業者を選択していた被相続人の事業を承継した場合の相続があった日の属する課税期間

③ 法人が、合併により課税事業者を選択していた被合併法人の事業を承継した場合の合併があった日の属する課税期間

④ 法人が吸収分割により課税事業者を選択していた分割法人の事業を承継した場合の吸収分割があった日の属する課税期間

提出する届出書は「課税事業者選択届出書」であり、「課税事業者届出書」ではありませんので注意してください。

2 ◆宥恕規定

「課税事業者選択届出書」を提出期限までに提出できなかった場合において、次のような事情がある場合には、承認申請をすることにより、その適用を認めることとしています（消法9⑨、消令20の2①、消基通1－4－16～17）。

① 天災、火災、自己の責めに帰さない人災が生じた場合など

② その課税期間の末日前おおむね1か月以内に相続があった場合で、相続人が新たに課税事業者を選択することのできる個人事業者になった場合

承認申請をする場合には、災害等の場合には事情がやんだ後2か月以内に、相続の場合には翌年2月末日までにする必要があります。

ただ単に提出し忘れた場合などは、当然のことながら宥恕規定は適用されませんので、くれぐれも注意してください。

第1号様式

消費税課税事業者選択届出書

		（フリガナ）		
令和　　年　月　日	届 出 者	納　税　地	（〒　　　－　　　） 　　　　　　　　　　（電話番号　　　　－　　　－　　　　）	
		（フリガナ）		
		住所又は居所 （法人の場合） 本 店 又 は 主たる事務所 の 所 在 地	（〒　　　－　　　） 　　　　　　　　　　（電話番号　　　　－　　　－　　　　）	
		（フリガナ）		
		名称（屋号）		
		個 人 番 号 又　　は 法 人 番 号	↓ 個人番号の記載に当たっては、左端を空欄とし、ここから記載してください。	
		（フリガナ）		
		氏　　名 （法人の場合） 代 表 者 氏 名	印	
＿＿＿＿＿税務署長殿		（フリガナ） （法人の場合） 代表者住所	（電話番号　　　　－　　　－　　　　）	

　下記のとおり、納税義務の免除の規定の適用を受けないことについて、消費税法第9条第4項の規定により届出します。

適用開始課税期間	自　平成 　　令和　　　　年　　　月　　　日　　　至　平成 　　　　　　　　　　　　　　　　　　　　　　令和　　　　年　　　月　　　日		
上 記 期 間 の	自　平成 　　令和　　　年　　月　　日	左記期間の 総 売 上 高	円
基 準 期 間	至　平成 　　令和　　　年　　月　　日	左記期間の 課税売上高	円

事 業 内 容 等	生年月日（個 人）又は設立 年月日（法人）	1明治・2大正・3昭和・4平成・5令和 　　　　　　年　　　月　　　日	法人 のみ 記載	事 業 年 度	自　　月　　日　至　　月　　日
				資 本 金	円
	事 業 内 容		届出区分	事業開始・設立・相続・合併・分割・特別会計・その他	
参 考 事 項			税理士 署　名 押　印	印 （電話番号　　　　－　　　－　　　　）	

※ 税 務 署 処 理 欄	整理番号		部門番号				
	届出年月日	年　　月　　日	入力処理	年　　月　　日	台帳整理	年　　月　　日	
	通 信 日 付 印 　　年　　月　　日	確 認 印	番号 確認	身元 確認	□ 済 □ 未済	確認 書類	個人番号カード／通知カード・運転免許証 その他（　　　　　　　　　　）

注意　1．裏面の記載要領等に留意の上、記載してください。
　　　2．税務署処理欄は、記載しないでください。

154　第1章　特例選択（不適用）届出書の効力

第33号様式

消費税課税事業者選択（不適用）届出に係る特例承認申請書

<table>
<tr><td rowspan="6" style="writing-mode: vertical;">２通提出</td><td colspan="2">収受印</td><td rowspan="2">令和　年　月　日</td><td rowspan="6">申請者</td><td>（フリガナ）</td><td colspan="2"></td></tr>
</table>

	収受印	

<table>
<tbody>
<tr>
<td rowspan="12" style="text-align:center;">２通提出

※
個人番号又は法人番号は、税務署提出用２通の内１通のみに記載してください。</td>
<td colspan="2" rowspan="2">令和　年　月　日

_____税務署長殿</td>
<td rowspan="6" style="text-align:center;">申
請
者</td>
<td>（フリガナ）</td>
<td colspan="2"></td>
</tr>
<tr>
<td>納　税　地</td>
<td colspan="2">（〒　　－　　　）

（電話番号　　　－　　　－　　　）</td>
</tr>
<tr>
<td colspan="2"></td>
<td>（フリガナ）</td>
<td colspan="2"></td>
</tr>
<tr>
<td colspan="2"></td>
<td>氏 名 又 は
名 称 及 び
代 表 者 氏 名</td>
<td colspan="2" style="text-align:right;">印</td>
</tr>
<tr>
<td colspan="2"></td>
<td>個 人 番 号
又 は
法 人 番 号</td>
<td colspan="2">↓ 個人番号の記載に当たっては、左端を空欄とし、ここから記載してください。</td>
</tr>
</tbody>
</table>

　下記のとおり、消費税法施行令第20条の２第１項又は第２項に規定する届出に係る特例の承認を受けたいので申請します。

届出日の特例の承認を受けようとする届出書の種類	□　①　消費税課税事業者選択届出書 □　②　消費税課税事業者選択不適用届出書 【届出書提出年月日　：　平成 令和＿＿年＿＿月＿＿日】
特例規定の適用を受けようとする（受けることをやめようとする）課税期間の初日及び末日	自　平成 　　令和＿＿年＿＿月＿＿日　至　平成 　　　　　　　　　　　　　　　　　令和＿＿年＿＿月＿＿日 （②の届出の場合は初日のみ記載します。）
上記課税期間の基準期間における課税売上高	_____円
上記課税期間の初日の前日までに提出できなかった事情	

※　②の届出書を提出した場合であっても、特定期間（原則として、上記課税期間の前年の１月１日（法人の場合は前事業年度開始の日）から６か月間）の課税売上高が１千万円を超える場合には、上記課税期間の納税義務は免除されないこととなります。詳しくは、裏面をご覧ください。

事 業 内 容 等		税 理 士 署 名 押 印	印 （電話番号　　　－　　　－　　　）
参 　考 　事 　項			

※　上記の申請について、消費税法施行令第20条の２第１項又は第２項の規定により、上記の届出書が特例規定の適用を受けようとする（受けることをやめようとする）課税期間の初日の前日（平成
令和　　年　　月　　日）に提出されたものとすることを承認します。

_____第_____号

令和　　年　　月　　日　　　　　　　　　　　税 務 署 長　　　　　　　　　　印

<table>
<tr>
<td rowspan="4" style="text-align:center;">※
税
務
署
処
理
欄</td>
<td>整理番号</td>
<td></td>
<td>部門番号</td>
<td></td>
<td>みなし届出年月日</td>
<td colspan="3">年　　月　　日</td>
</tr>
<tr>
<td>申請年月日</td>
<td>年　　月　　日</td>
<td>入力処理</td>
<td>年　　月　　日</td>
<td>台帳整理</td>
<td colspan="3">年　　月　　日</td>
</tr>
<tr>
<td>番号
確認</td>
<td></td>
<td>身元
確認</td>
<td>□ 済
□ 未済</td>
<td>確認
書類</td>
<td colspan="3">個人番号カード／通知カード・運転免許証
その他（　　　　　　　　　　　　）</td>
</tr>
<tr>
<td></td>
<td></td>
<td></td>
<td></td>
<td></td>
<td></td>
<td></td>
<td></td>
</tr>
</table>

注意　１．この申請書は、２通提出してください。
　　　２．※印欄は、記載しないでください。

Ⅰ　課税事業者選択（不適用）届出書　155

2 課税事業者選択不適用届出書

▌**1**◆届出書の効力発生時期

　課税事業者を選択した事業者が、設備投資などについて還付を受けた後は、課税売上高が1,000万円以下であるならば、免税事業者に戻ったほうが無駄な税金を払わなくてすみます。

　免税事業者に戻る場合には、「課税事業者選択不適用届出書」を提出しなければなりません（消法9⑤）。

　「課税事業者選択不適用届出書」を提出した場合には、その提出日の属する課税期間の翌課税期間から免税事業者となりますので、これも事前に提出する必要があるわけです（消法9⑧）。

▌**2**◆宥恕規定

　「課税事業者選択不適用届出書」を提出期限までに提出できなかった場合において、それが、天災、火災、自己の責めに帰さない人災などによるものである場合には、災害等の事情がやんだ後2か月以内に承認申請をすることにより、その適用を認めることとしています（消法9⑨、消令20の2②、消基通1－4－16～17）。

第2号様式

消費税課税事業者選択不適用届出書

収受印				
令和　年　月　日	届出者	（フリガナ）		
		納　税　地	（〒　　－　　　）	
			（電話番号　　　－　　　－　　　　）	
		（フリガナ）		
		氏　名　又　は 名　称　及　び 代　表　者　氏　名		印
＿＿＿＿＿税務署長殿		個　人　番　号 又　は 法　人　番　号	↓ 個人番号の記載に当たっては、左端を空欄とし、ここから記載してください。	

　　下記のとおり、課税事業者を選択することをやめたいので、消費税法第9条第5項の規定により届出します。

①	この届出の適用 開始課税期間	自 平成 令和 　年　月　日　至 平成 令和 　年　月　日
②	①の基準期間	自 平成 令和 　年　月　日　至 平成 令和 　年　月　日
③	②の課税売上高	円

※　この届出書を提出した場合であっても、特定期間（原則として、①の課税期間の前年の1月1日（法人の場合は前事業年度開始の日）から6か月間）の課税売上高が1千万円を超える場合には、①の課税期間の納税義務は免除されないこととなります。詳しくは、裏面をご覧ください。

課　税　事　業　者 と　な　っ　た　日	平成 令和 　　年　　月　　日
事　業　を　廃　止　し　た 場合の廃止した日	平成 令和 　　年　　月　　日
提　出　要　件　の　確　認	課税事業者となった日から2年を経過する日までの間に開始した各課税期間中に調整対象固定資産の課税仕入れ等を行っていない。　　はい □
	※　この届出書を提出した課税期間が、課税事業者となった日から2年を経過する日までに開始した各課税期間である場合、この届出書提出後、届出を行った課税期間中に調整対象固定資産の課税仕入れ等を行うと、原則としてこの届出書の提出はなかったものとみなされます。詳しくは、裏面をご確認ください。
参　考　事　項	
税　理　士　署　名　押　印	印　　（電話番号　　　－　　　－　　　　）

※税務署処理欄	整理番号		部門番号			
	届出年月日	年　月　日	入力処理	年　月　日	台帳整理	年　月　日
	通信日付印 確認印	番号確認	身元確認 □ 済 □ 未済	確認書類	個人番号カード／通知カード・運転免許証 その他（　　　　　）	
	年　月　日					

注意　1．裏面の記載要領等に留意の上、記載してください。
　　　2．税務署処理欄は、記載しないでください。

Ⅰ　課税事業者選択（不適用）届出書

3 新規開業（設立）などの場合の適用時期

新規開業などの場合には、提出日の属する課税期間から課税事業者となることができます。

しかし、事業者によっては開業（設立）1期目は設備投資の予定はなく、2期目に設備投資を予定しているようなケースもあるでしょう。

では、1期目は免税事業者のままでいて、2期目から課税事業者になりたいような場合にはどうしたらよいのでしょうか？

新規開業などの場合の届出書の効力発生時期については、提出日の属する課税期間か翌課税期間かのいずれかを任意に選択できる旨が基本通達に明らかにされています（消基通1－4－14）。

いずれの場合にしても、届出書は1期目の末日までに提出することに注意してください。

なお、新規開業の個人事業者や新設の法人が課税事業者を選択する場合には、「課税事業者選択届出書」の適用開始課税期間の欄に、適用開始課税期間の初日の年月日を誤りのないように記載する必要があります。

2年以上休業した場合の適用時期

長期間休業した後に改めて事業を再開した個人事業者や、休眠会社を買収して新たに事業を行うこととした法人などについては、基準期間の課税売上高はゼロであり、再開業した課税期間中は免税事業者となります。

このような場合には、再開業した課税期間中に設備投資などがあったとしても、事前に「課税事業者選択届出書」を提出することができません。

そこで、その課税期間の開始の日の前日まで2年以上にわたって課税売上げも課税仕入れも発生していないような場合には、新規開業の場合と同様に取り扱うこととされています。

つまり、再開業などをした課税期間において多額の設備投資などがある場合には、その再開業をした課税期間中に「課税事業者選択届出書」を提出することにより、その課税期間から課税事業者となって消費税の還付を受けることが可能となるわけです（消基通1－4－8）。

4 課税事業者を選択した場合の拘束期間

「課税事業者選択不適用届出書」は、新たに課税事業者となった課税期間の初日から2年を経過する日の属する課税期間の初日以降でなければ提出することができません（消法9⑥）。

つまり、いったん課税事業者になったならば、翌期も課税事業者として申告しなければいけないということです。

なお、廃業の場合には届出時期についての制限はありませんので、いつでも提出することができます。

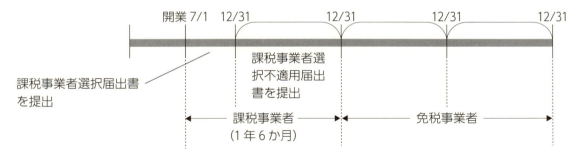

新規開業の場合の拘束期間

新規に開業した個人事業者や新設の法人が、開業（設立）当初の設備投資について消費税の還付を受けるために課税事業者を選択したとします。

これらの事業者が、平年の課税売上高が1,000万円以下であることから免税事業者に戻ろうとする場合の「課税事業者選択不適用届出書」の提出時期は、個人事業者の場合と法人の場合とで異なっています。

■年の中途の7/1に開業した個人事業者の場合

■年の中途の7/1に設立した法人の場合（事業年度＝1/1〜12/31）

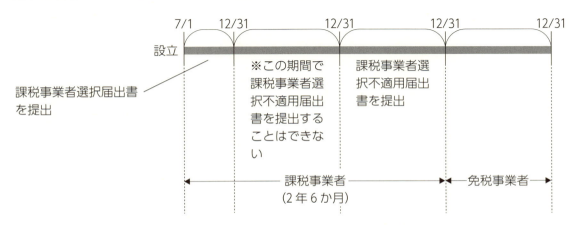

個人事業者の場合、年の中途で開業した場合であっても「課税事業者となった課税期間の初日」はその年の1月1日となるのに対し、法人の場合には設立登記の日が「課税事業者となった課税期間の初日」となります。
　したがって、新規開業（設立）の場合の拘束期間は、個人事業者の場合と法人の場合とで1年間の違い（ズレ）があるわけです。

5　課税選択期間中に固定資産を取得した場合の取扱い

　課税選択をした強制適用期間中に調整対象固定資産を取得した場合には、課税事業者としての拘束期間が更に延長されることとなりますので注意が必要です（消法9⑦）。具体的には、調整対象固定資産を取得した日の属する課税期間の初日から3年を経過する日の属する課税期間までの間は課税事業者として拘束されるとともに、この期間中は簡易課税制度の適用を受けることはできません（消法37③）。結果、第3年度の課税期間において、課税売上割合が著しく変動した場合の税額調整の適用判定が義務付けられることになります。
　ただし、調整対象固定資産を取得した日の属する課税期間において簡易課税制度の適用を受けている場合には、課税事業者としての拘束期間が延長されることはありません。

具体例1　課税選択をした個人事業者が調整対象固定資産を取得した場合

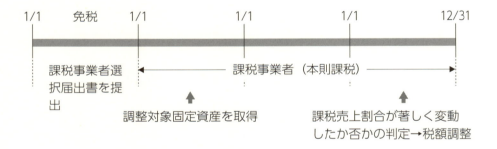

具体例2　7月1日に資本金300万円で設立した12月決算法人が、設立事業年度から課税事業者を選択し、設立事業年度中に調整対象固定資産を取得した場合

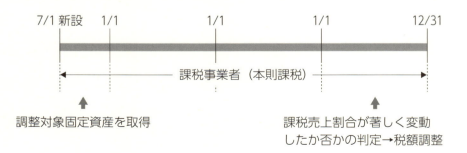

具体例3 7月1日に資本金300万円で設立した12月決算法人が、設立事業年度から課税事業者を選択し、設立3期目に調整対象固定資産を取得した場合

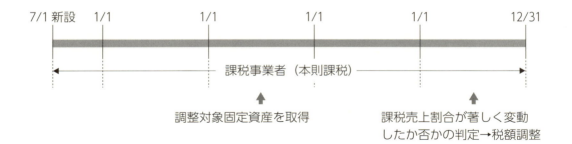

届出書が無効とされるケース

　課税選択の強制適用期間中に調整対象固定資産を取得した場合には、調整対象固定資産を取得した日の属する課税期間の初日から3年を経過する日の属する課税期間の初日以後でなければ「課税事業者選択不適用届出書」を提出することはできません。そこで、課税選択の強制適用期間中に、翌期から免税事業者となるために「課税事業者選択不適用届出書」を提出した事業者が、その後、同一の課税期間中に調整対象固定資産を取得することとなったような場合には、その届出書の提出はなかったものとみなされます（消法9⑦）。

具体例 課税事業者を選択した個人事業者が、「課税事業者選択不適用届出書」を提出した後に調整対象固定資産を取得した場合

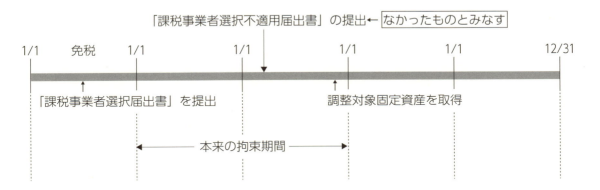

6　特例選択届出書はあらためて提出しなければなりません！

　たとえば、被相続人が設備投資などについて消費税の還付を受けるために課税事業者を選択していたとしましょう。ところが、建物などが完成する前にその被相続人が亡くなってしまったような場合には、被相続人に代わって、事業を承継した相続人が還付の申告をすることになります。

注意してほしいのは、被相続人が提出していた「課税事業者選択届出書」は、あくまでも被相続人についてだけ適用されるものであり、事業を承継した相続人についてまで適用されるものではないということです。

つまり、相続人が引き続き課税事業者を選択したいような場合には、あらためて「課税事業者選択届出書」を所轄税務署長に提出する必要があるわけです。

なお、「課税事業者選択届出書」は原則として事前に提出することになっていますが、相続による事業承継の場合には、相続があった日の属する課税期間中に届出書を提出すれば、その課税期間から課税事業者になることができます。

また、年末に相続があったような場合には、その翌年の２月末日までに特例承認申請書を提出することにより、相続があった年から課税事業者を選択することも認められています。

簡易課税を選択していた被相続人の事業を承継した場合、期間短縮をしていた被相続人の事業を承継した場合についてもまったく同じ取扱いとなります。つまり、事業を承継した相続人は、あらためて「簡易課税制度選択届出書」あるいは「課税期間特例選択届出書」を提出する必要があるということです。

なお、「課税期間特例選択届出書」についてだけは、いわゆる宥恕規定（特例承認申請書）はありませんので注意してください。

Ⅱ　簡易課税制度選択（不適用）届出書

1　簡易課税制度選択届出書

1 ◆届出書の効力発生時期

「簡易課税制度選択届出書」は、適用を受けようとする課税期間が始まる前までに提出しなければなりません（消法37①）。

ただし、事前に提出することが不可能な場合もありますので、次の①～④のケースについては、それぞれの課税期間中に届出書を提出すれば、その課税期間から簡易課税によることができます（消令56①）。

① 　新規に開業（設立）をした日の属する課税期間

② 　相続があった場合の納税義務の免除の特例規定により、年の中途から新たに課税事業者となった個人事業者が、簡易課税を選択していた被相続人の事業を承継した場合の相続があった日の属する課税期間

③ 　合併があった場合の納税義務の免除の特例規定により、事業年度の中途から新たに課税事業者となった合併法人が、簡易課税を選択していた被合併法人の事業を承継した場合の合併があった日の属する課税期間

④ 　吸収分割があった場合の納税義務の免除の特例規定により、事業年度の中途から新たに課

税事業者となった分割承継法人が、簡易課税を選択していた分割法人の事業を承継した場合の吸収分割があった日の属する課税期間

　上記②～④のケースは、免税事業者が年あるいは事業年度の中途から課税事業者となる場合に限り、簡易課税制度によることができるという点に注意する必要があります（消基通13－1－3の2～13－1－3の4ただし書）。

　つまり、もともと課税事業者であった個人事業者や法人が、相続、合併、吸収分割により事業承継をしたとしても、その事業承継をした年あるいは事業年度から簡易課税の適用を受けることはできないということです（納税義務の免除の特例については第3章をご参照ください）。

■相続があった年における相続人の簡易課税制度の適用関係

相続人 / 被相続人	「簡易課税制度選択届出書」の提出なし	「簡易課税制度選択届出書」の提出あり
年初から課税事業者の場合	たとえ届出書を提出しても、相続のあった年から適用を受けることはできない	
免税事業者であった相続人が、納税義務免除の特例規定により、年の中途から課税事業者となる場合	たとえ届出書を提出しても、相続のあった年から適用を受けることはできない	相続のあった年中に届出書を提出することにより、その年から適用を受けることができる
事業者でない相続人が、納税義務免除の特例規定により、年の中途から課税事業者となる場合	相続のあった年中に届出書を提出することにより、その年から適用を受けることができる	

2◆納税義務判定と簡易課税制度の適用判定との関係

　吸収合併又は吸収分割があった場合における合併法人又は分割承継法人の簡易課税制度の適用の有無については、合併法人又は分割承継法人の基準期間における課税売上高のみにより判定することとされています（消基通13－1－2）。

　つまり、納税義務の判定とは異なり、被合併法人や分割法人の実績は考慮しないということです。したがって、通達に明記されてはいないものの、相続があった年と、その翌年及び翌々年における相続人の簡易課税制度の適用の有無についても、被相続人の実績は考慮せずに、相続人の基準期間における課税売上高のみにより判定することになるものと思われます。

　なお、新設分割等があった場合についてだけは、新設分割親（子）法人のそれぞれの課税売上高を合算したところで納税義務の判定と簡易課税の適用判定をすることになりますのでご注意ください（消法37①、消令55）。

■納税義務と簡易課税の適用判定の関係

	判定時期	納税義務の判定	簡易課税の判定
相続	相続のあった年	被相続人の基準期間における課税売上高のみで判定する（合算しない）	相続人の基準期間における課税売上高のみで判定する（合算しない）
相続	相続のあった年の翌年	相続人と被相続人の基準期間における課税売上高の合計額で判定する	相続人の基準期間における課税売上高のみで判定する（合算しない）
相続	相続のあった年の翌々年	相続人と被相続人の基準期間における課税売上高の合計額で判定する	相続人の基準期間における課税売上高のみで判定する（合算しない）
吸収合併	合併のあった事業年度	合併法人の基準期間に対応する期間中の被合併法人の課税売上高のみで判定する（合算しない）	合併法人の基準期間における課税売上高のみで判定する（合算しない）
吸収合併	合併事業年度の翌事業年度	合併法人の基準期間における課税売上高とこれに対応する期間中の被合併法人の課税売上高の合計額で判定する	合併法人の基準期間における課税売上高のみで判定する（合算しない）
吸収合併	合併事業年度の翌々事業年度	合併法人の基準期間における課税売上高とこれに対応する期間中の被合併法人の課税売上高の合計額で判定する	合併法人の基準期間における課税売上高のみで判定する（合算しない）
吸収分割	分割のあった事業年度	分割承継法人の基準期間に対応する期間中の分割法人の課税売上高のみで判定する（合算しない）	分割承継法人の基準期間における課税売上高のみで判定する（合算しない）
吸収分割	分割事業年度の翌事業年度	分割承継法人の基準期間に対応する期間中の分割法人の課税売上高のみで判定する（合算しない）	分割承継法人の基準期間における課税売上高のみで判定する（合算しない）
新設分割等	分割のあった事業年度	新設分割親（子）法人の基準期間における課税売上高とこれに対応する期間中の子（親）法人の課税売上高の合計額で判定する ※新設分割子法人の基準期間における課税売上高がない場合には、子法人の基準期間に対応する期間中の親法人の課税売上高で判定する	
新設分割等	分割事業年度の翌事業年度		
新設分割等	分割事業年度の翌々事業年度以後		

3 ◆ 宥恕規定

「簡易課税制度選択届出書」を提出期限までに提出できなかった場合において、次のような事情がある場合には、承認申請をすることにより、その適用を認めることとしています（消法37⑧、消令57の2①、消基通13-1-5の2）。

① 天災、火災、自己の責めに帰さない人災が生じた場合など

② その課税期間の末日前おおむね1か月以内に相続があった場合で、相続人が新たに簡易課税を選択することのできる個人事業者になった場合

承認申請をする場合には、災害等の場合には事情がやんだ後2か月以内に、相続の場合には翌年2月末日までにする必要があります。

ただ単に提出し忘れた場合などは、当然のことながら宥恕規定は適用されませんのでくれぐれも注意してください。

第1号様式

消費税簡易課税制度選択届出書

	収受印		（フリガナ）				
	令和　年　月　日	届出者	納　税　地	（〒　　－　　）		（電話番号　　－　　－　　）	
			（フリガナ）				
			氏 名 又 は 名 称 及 び 代 表 者 氏 名				印
	_____税務署長殿		法 人 番 号	※個人の方は個人番号の記載は不要です。			

下記のとおり、消費税法第37条第1項に規定する簡易課税制度の適用を受けたいので、届出します。

[　□　所得税法等の一部を改正する法律（平成28年法律第15号）附則第40条第1項の規定により消費税法第37条第1項に規定する簡易課税制度の適用を受けたいので、届出します。　]

①	適用開始課税期間	自 平成 令和　年　月　日	至 平成 令和　年　月　日
②	① の 基 準 期 間	自 平成 令和　年　月　日	至 平成 令和　年　月　日
③	② の 課 税 売 上 高	円	

事 業 内 容 等	（事業の内容）	（事業区分）第　　種事業

提 出 要 件 の 確 認	次のイ、ロ又はハの場合に該当する（「はい」の場合のみ、イ、ロ又はハの項目を記載してください。）		はい □　　いいえ □	
	イ	消費税法第9条第4項の規定により課税事業者を選択している場合	課税事業者となった日	平成 令和　年　月　日
			課税事業者となった日から2年を経過する日までの間に開始した各課税期間中に調整対象固定資産の課税仕入れ等を行っていない	はい □
	ロ	消費税法第12条の2第1項に規定する「新設法人」又は同法第12条の3第1項に規定する「特定新規設立法人」に該当する（該当していた）場合	設立年月日	平成 令和　年　月　日
			基準期間がない事業年度に含まれる各課税期間中に調整対象固定資産の課税仕入れ等を行っていない	はい □
	ハ	消費税法第12条の4第1項に規定する「高額特定資産の仕入れ等」を行っている場合（同条第2項の規定の適用を受ける場合）[仕入れ等を行った資産が高額特定資産に該当する場合はAの欄を、自己建設高額特定資産に該当する場合は、Bの欄をそれぞれ記載してください。]	A	仕入れ等を行った課税期間の初日	平成 令和　年　月　日
				この届出による①の「適用開始課税期間」は、高額特定資産の仕入れ等を行った課税期間の初日から、同日以後3年を経過する日の属する課税期間までの各課税期間に該当しない	はい □
			B	仕入れ等を行った課税期間の初日	平成 令和　年　月　日
				建設等が完了した課税期間の初日	平成 令和　年　月　日
				この届出による①の「適用開始課税期間」は、自己建設高額特定資産の建設等に要した仕入れ等に係る支払対価の額の累計額が1千万円以上となった課税期間の初日から、自己建設高額特定資産の建設等が完了した課税期間の初日以後3年を経過する日の属する課税期間までの各課税期間に該当しない	はい □

※　消費税法第12条の4第2項の規定による場合は、ハの項目を次のとおり記載してください。
1　「自己建設高額特定資産」を「調整対象自己建設高額資産」と読み替える。
2　「仕入れ等を行った」は、「消費税法第36条第1項又は第3項の規定の適用を受けた」と、「自己建設高額特定資産の建設等に要した仕入れ等に係る支払対価の額の累計額が1千万円以上となった」は、「調整対象自己建設高額資産について消費税法第36条第1項又は第3項の規定の適用を受けた」と読み替える。

※　この届出書を提出した課税期間が、上記イ、ロ又はハに記載の各課税期間である場合、この届出書提出後、届出を行った課税期間中に調整対象固定資産の課税仕入れ等又は高額特定資産の仕入れ等を行うと、原則としてこの届出書の提出はなかったものとみなされます。詳しくは、裏面をご確認ください。

所得税法等の一部を改正する法律（平成28年法律第15号）（平成28年改正法）附則第40条第1項の規定による場合	次のニ又はホのうち、いずれか該当する項目を記載してください。	
	ニ	平成28年改正法附則第40条第1項に規定する「困難な事情のある事業者」に該当する（ただし、上記イ又はロに記載の各課税期間中に調整対象固定資産の課税仕入れ等を行っている場合又はこの届出書を提出した日を含む課税期間がハに記載の各課税期間に該当する場合には、次の「ホ」により判定する。）	はい □
	ホ	平成28年改正法附則第40条第2項に規定する「著しく困難な事情があるとき」に該当する（該当する場合は、以下に「著しく困難な事情」を記載してください。）	はい □

参 考 事 項	
税 理 士 署 名 押 印	印　（電話番号　　－　　－　　）

※税務署処理欄	整理番号		部門番号			
	届出年月日	年　月　日	入力処理	年　月　日	台帳整理	年　月　日
	通信日付印　年　月　日	確認印	番号確認			

注意　1．裏面の記載要領等に留意の上、記載してください。
　　　2．税務署処理欄は、記載しないでください。

※この届出書を所得税法等の一部を改正する法律（平成二十八年法律第十五号）附則第四十条第一項の規定により提出しようとする場合には、令和元年七月一日以後提出することができます。

Ⅱ　簡易課税制度選択（不適用）届出書　165

第34号様式

消費税簡易課税制度選択（不適用）
届出に係る特例承認申請書

2通提出

※ 法人番号は、税務署提出用2通の内1通のみに記載してください。

収受印

		（フリガナ）	
令和　年　月　日	申請者	納税地	（〒　　－　　　） （電話番号　　－　　－　　　）
		（フリガナ）	
		氏名又は 名称及び 代表者氏名	印
＿＿＿＿＿＿税務署長殿		法人番号	※ 個人の方は個人番号の記載は不要です。

　下記のとおり、消費税法施行令第57条の2第1項又は第2項に規定する届出に係る特例の承認を受けたいので申請します。

届出日の特例の承認を受けようとする届出書の種類	☐ ①　消費税簡易課税制度選択届出書 ☐ ②　消費税簡易課税制度選択不適用届出書 　　　　【届出書提出年月日：　平成 　　　　　　　　　　　　　　令和＿＿年＿＿月＿＿日】
特例規定の適用を受けようとする（受けることをやめようとする）課税期間の初日及び末日	自　平成 　　令和＿＿年＿＿月＿＿日　至　平成 　　　　　　　　　　　　　　　　令和＿＿年＿＿月＿＿日 （②の届出の場合は初日のみ記載します。）
上記課税期間の基準期間における課税売上高	＿＿＿＿＿＿＿＿＿＿＿＿＿＿＿＿＿＿円
上記課税期間の初日の前日までに提出できなかった事情	
事業内容等	（①の届出の場合の営む事業の種類）
参考事項	

	税理士 署名押印	印 （電話番号　　－　　－　　　）

※　上記の申請について、消費税法施行令第57条の2第1項又は第2項の規定により、上記の届出書が特例規定の適用を受けようとする（受けることをやめようとする）課税期間の初日の前日（平成
令和　年　月　日）に提出されたものとすることを承認します。

＿＿＿＿第＿＿＿＿号

令和　年　月　日　　　　　　　　　　　　　　税務署長　　　　印

※ 税務署処理欄	整理番号		部門番号		みなし届出年月日	年　月　日	番号確認	
	申請年月日	年　月　日	入力処理	年　月　日	台帳整理	年　月　日		

注意　1．この申請書は、2通提出してください。
　　　2．※印欄は、記載しないでください。

166　第1章　特例選択（不適用）届出書の効力

2 簡易課税制度選択不適用届出書

1 ◆ 届出書の効力発生時期

　簡易課税を選択している事業者が、設備投資などの予定があるため、これについて消費税の還付を受けようとする場合には、計算方法を本則課税に変更（つまり簡易課税の適用をやめる）必要があります。

　本則課税に変更する場合には、「簡易課税制度選択不適用届出書」を提出しなければなりません（消法37⑤）。

　「簡易課税制度選択不適用届出書」を提出した場合には、その提出日の属する課税期間の翌課税期間からその効力は失われ、本則課税となりますので、これも事前に提出する必要があるわけです（消法37⑦）。

2 ◆ 宥恕規定

　「課税事業者選択不適用届出書」を提出期限までに提出できなかった場合において、それが、天災、火災、自己の責めに帰さない人災などによるものである場合には、災害等の事情がやんだ後2か月以内に承認申請をすることにより、その適用を認めることとしています（消法37⑧、消令57の2②、消基通13－1－5の2）。

3 納税義務の免除と簡易課税制度選択届出書の関係

　簡易課税を適用している事業者が、基準期間の課税売上高が1,000万円以下となったため、消費税の納税義務が免除されたとします。

　その後、基準期間の課税売上高が1,000万円を超えたため、再び課税事業者となった場合の仕入れに係る消費税額の計算は、「簡易課税制度選択不適用届出書」を提出していない限り簡易課税によることになります。

　つまり、免税事業者となった時点での「簡易課税制度選択不適用届出書」の提出及び再び課税事業者となった時点での「簡易課税制度選択届出書」の提出は必要ないということです（消基通13－1－3）。

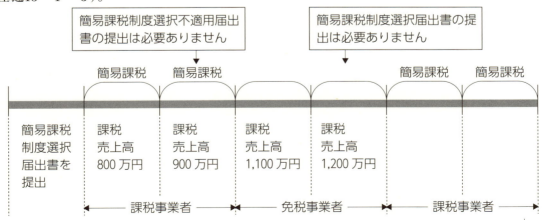

第25号様式

消費税簡易課税制度選択不適用届出書

<table>
<tr><td rowspan="7">収受印

令和　年　月　日

＿＿＿＿＿税務署長殿</td><td rowspan="5">届

出

者</td><td>（フリガナ）</td><td rowspan="2">（〒　　－　　　）

（電話番号　　　－　　　－　　　）</td></tr>
<tr><td>納　税　地</td></tr>
<tr><td>（フリガナ）</td><td rowspan="3">

印</td></tr>
<tr><td>氏　名　又　は
名　称　及　び
代　表　者　氏　名</td></tr>
<tr><td>法　人　番　号</td><td>※ 個人の方は個人番号の記載は不要です。</td></tr>
</table>

下記のとおり、簡易課税制度をやめたいので、消費税法第37条第5項の規定により届出します。

<table>
<tr><td>①</td><td>この届出の適用
開始課税期間</td><td>自　平成
　　令和　　年　　月　　日</td><td>至　平成
　　令和　　年　　月　　日</td></tr>
<tr><td>②</td><td>①の基準期間</td><td>自　平成
　　令和　　年　　月　　日</td><td>至　平成
　　令和　　年　　月　　日</td></tr>
<tr><td>③</td><td>②の課税売上高</td><td colspan="2" align="right">円</td></tr>
<tr><td colspan="2">簡易課税制度の
適　用　開　始　日</td><td colspan="2">平成
令和　　　　年　　　月　　　日</td></tr>
<tr><td colspan="2" rowspan="2">事業を廃止した
場合の廃止した日</td><td colspan="2">平成
令和　　　　年　　　月　　　日</td></tr>
<tr><td>個　人　番　号
※ 事業を廃止した場合には記載
してください。</td><td></td></tr>
<tr><td colspan="2">参　考　事　項</td><td colspan="2"></td></tr>
<tr><td colspan="2">税　理　士　署　名　押　印</td><td colspan="2">
印
（電話番号　　　－　　　－　　　）</td></tr>
</table>

<table>
<tr><td rowspan="4">※
税
務
署
処
理
欄</td><td>整理番号</td><td></td><td colspan="2">部門番号</td><td></td><td></td></tr>
<tr><td>届出年月日</td><td>　年　月　日</td><td>入力処理</td><td>　年　月　日</td><td>台帳整理</td><td>　年　月　日</td></tr>
<tr><td>通信日付印
　年　月　日</td><td>確認印</td><td>番号
確認</td><td>身元
確認</td><td>□ 済
□ 未済</td><td>確認
書類</td></tr>
<tr><td colspan="6">個人番号カード／通知カード・運転免許証
その他（　　　　　）</td></tr>
</table>

注意　1．裏面の記載要領等に留意の上、記載してください。
　　　2．税務署処理欄は、記載しないでください。

4　本則課税と簡易課税制度選択不適用届出書の関係

「簡易課税制度選択届出書」を提出した場合であっても、基準期間における課税売上高が5,000万円を超える場合には簡易課税により計算することはできません。

「簡易課税制度選択不適用届出書」は、簡易課税を適用している事業者が、自らの意思でこれを取り止める場合に提出するものであり、基準期間の課税売上高が5,000万円を超えたことにより、いわば強制的に本則課税によるような場合についてまで提出するものではありません。

つまり、たとえ本則課税により計算する場合であっても、なんら届出書は提出する必要はなく、以後、基準期間の課税売上高が5,000万円以下の課税期間についてだけ簡易課税を適用すればよいのです（消基通13－1－3）。

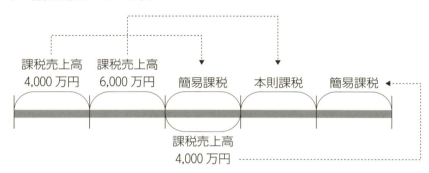

5　新規開業（設立）などの場合の適用時期

1 ◆ 課税事業者となる新設法人

資本金が1,000万円以上の新設法人は、基準期間のない設立1期目と2期目であっても納税義務者となりますが、設立事業年度から簡易課税を選択しようとする場合には、設立事業年度の決算日までに「簡易課税制度選択届出書」を提出すれば、設立事業年度から簡易課税によることができます。

2 ◆ 2期目から簡易課税を選択する場合

新規に開業した個人事業者や新設の法人などについては、「課税事業者選択届出書」を提出することにより、その提出した課税期間から課税事業者になることができます。また、資本金が1,000万円以上の新設法人は、無条件に設立1期目から課税事業者となります。

これらの場合、2期目についても課税事業者として申告義務があるわけですが、1期目の申告は本則計算により消費税の還付を受け、2期目から簡易課税を選択することも可能です（消基通13－1－5）。

「簡易課税制度選択届出書」は、適用を受けようとする課税期間が始まる前まで（つまり1期目の末日まで）に提出しなければなりません。

なお、課税事業者を選択する場合と同様に、「簡易課税制度選択届出書」の適用開始課税期

間の欄に、適用開始課税期間の初日の年月日を誤りのないように記載する必要があります。

（注）　１期目に調整対象固定資産を取得した場合には、平成22年度改正法により、第３年度の課税期間まで本則課税が強制適用となることに注意してください。

6　簡易課税を選択した場合の拘束期間

「簡易課税制度選択不適用届出書」は、新たに簡易課税を採用した課税期間の初日から２年を経過する日の属する課税期間の初日以降でなければ提出することができません（消法37⑥）。

つまり、いったん簡易課税を採用したならば、翌期も簡易課税で申告しなければいけないということです。

なお、廃業の場合には届出時期についての制限はありませんのでいつでも提出することができます。

本則課税	本則課税	簡易課税	簡易課税	本則課税
	簡易課税制度選択届出書を提出	※この期間で簡易課税制度選択不適用届出書を提出することはできない	簡易課税制度選択不適用届出書を提出	

ただし、継続して簡易課税を適用してきた事業者が、多額の設備投資をした課税期間についてだけ本則課税により還付を受け、翌期からまた簡易課税を適用することは可能です。

この場合には、還付を受けようとする課税期間の開始の日の前日までに「簡易課税制度選択不適用届出書」を提出し、さらに、その設備投資をした課税期間中に改めて「簡易課税制度選択届出書」を提出することになります。

（注）　高額特定資産を取得した場合には、いわゆる「３年縛り」の適用がありますのでご注意ください。

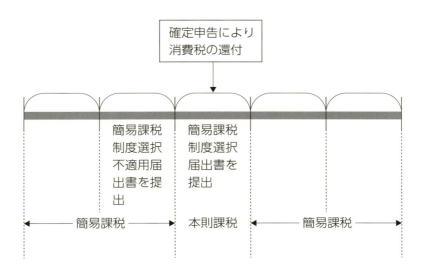

新設法人は3期目まで拘束されます！

　新設法人の場合、設立事業年度は1年未満の期間になるケースが多いとおもいます。資本金が1,000万円以上の新設法人は、設立事業年度から課税事業者として納税義務があるわけですが、この新設法人が設立事業年度から簡易課税を選択した場合には、3期目以降でなければ「簡易課税制度選択不適用届出書」を提出することができません。

　つまり、4期目以降でなければ本則課税に変更することができないということです。

具体例　年の中途の7/1に設立した法人の場合（事業年度＝1/1〜12/31）

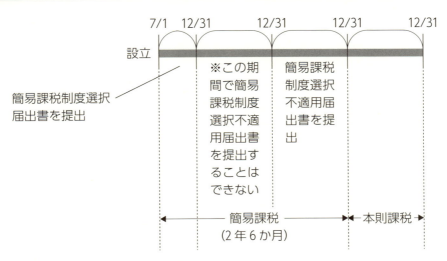

　つまり、「新たに簡易課税を採用した課税期間の初日から2年を経過する日」は3期目の6月30日であり、この6月30日の属する課税期間の初日以降でなければ「簡易課税制度選択不適用届出書」は提出できないわけですから、結果的に3期目まで簡易課税で申告しなければいけないということです。

7 届出書が無効とされるケース

　課税選択をした事業者や資本金1,000万円以上の新設法人、特定新規設立法人が、課税事業者としての強制適用期間中に調整対象固定資産を取得した場合には、調整対象固定資産を取得した日の属する課税期間の初日から３年を経過する日の属する課税期間の初日の前日までの間は「簡易課税制度選択届出書」を提出することができません（消法37③）。

　「簡易課税制度選択届出書」の提出後に調整対象固定資産を取得した場合には、その届出書の提出はなかったものとみなされます（消法37④）。

具体例 新設法人が、３期目から簡易課税制度の適用を受けるため、２期目に「簡易課税制度選択届出書」を提出した後に調整対象固定資産を取得した場合

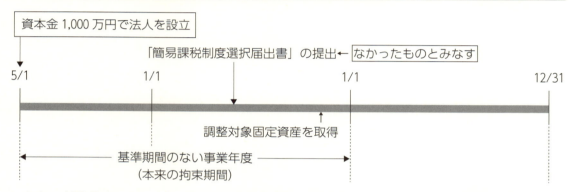

　なお、新設法人などについては、届出書の提出日の属する課税期間から簡易課税制度の適用を受けることが認められています。

　このような場合には、「簡易課税制度選択届出書」を提出した後で調整対象固定資産を取得した場合であっても、みなし仕入率により仕入控除税額を計算するため、その届出書の効力は当然に有効となります（消法37③ただし書、消令56②）。

具体例 新設法人が、１期目から簡易課税制度の適用を受けるため、１期目に「簡易課税制度選択届出書」を提出した後に調整対象固定資産を取得した場合

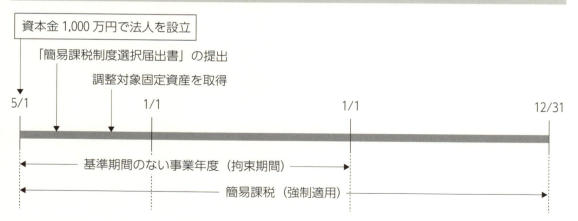

8 届出書の提出はきっちりと！

「簡易課税制度選択届出書」の効力は、たとえ業種が変わっても継続されますので、簡易課税を適用している個人事業者が事業を廃止した場合には、「事業廃止届出書」だけでなく、「簡易課税制度選択不適用届出書」も提出しておいたほうがよいでしょう。なお、「簡易課税制度選択不適用届出書」に事業を廃止した日が記載されている場合には、「事業廃止届出書」は提出しなくてもよいことになっています（消法57①三）。

たとえば、物品販売業を営んでいた個人事業者が、事業を廃止した後に、何年かして不動産賃貸業を始めたとします。

建物の建築費について消費税の還付を受けるために、「課税事業者選択届出書」を提出したとしましょう。ところが申告時期に税務署から送られてきたのは簡易課税用の申告書だった。つまり、「簡易課税制度選択届出書」の効力が生きていて還付が受けられなかった！なんてことにもなりかねませんので注意しなければいけません。

III 課税期間特例選択・変更（不適用）届出書

1 課税期間の短縮制度とは？

消費税の課税期間は、納税義務者の事務負担に配慮し、原則として、個人事業者については1月1日から12月31日まで、法人については事業年度と定められています（消法19①一、二）。

ただし事業者の選択により、課税期間を3か月単位あるいは1か月単位に短縮することも認められています。

また、3か月単位に短縮した課税期間を1か月単位の課税期間に変更すること、あるいは1か月単位に短縮した課税期間を3か月単位に変更することもできます（消法19①三〜四の二）。

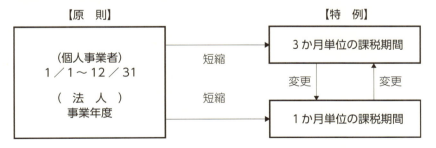

本来1年サイクルとなっている申告を、3か月あるいは1か月サイクルにするということは当然それなりの理由があるわけです。

たとえば輸出業者の場合、税込みで仕入れた商品を税抜価格で輸出するわけですから、確定申告により、消費税は還付となります。このような場合には、多少面倒であっても、課税期間を短縮したほうが、運転資金の面からみても得策なわけです。

図　解

1　個人事業者が課税期間を3か月単位に短縮した場合

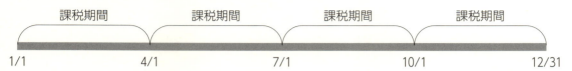

（注）各課税期間の確定申告期限は、その課税期間終了後2か月以内ですが、10／1～12／31課税期間についてだけは、申告期限は翌年の3／31まで延長されています（措法86の6①）。

2　個人事業者が課税期間を1か月単位に短縮した場合

（注）各課税期間の確定申告期限は、その課税期間終了後2か月以内ですが、12／1～12／31課税期間についてだけは、申告期限は翌年の3／31まで延長されています（措法86の6①）。

2　課税期間特例選択・変更届出書

　課税期間を短縮あるいは変更する場合には、「課税期間特例選択・変更届出書」を所轄税務署長に提出する必要があります。

　「課税期間特例選択・変更届出書」を提出した場合には、提出日の属するサイクルの次のサイクルから短縮あるいは変更の効力が生ずることとなりますので、課税期間の初日からその効力が生じた日の前日までの期間をワンサイクルとして消費税の確定申告をすることになります（消法19②）。

具体例　個人事業者が、課税期間を3か月に短縮するために、年の中途の5月20日に「課税期間特例選択・変更届出書」を提出した場合

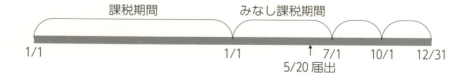

　なお、次のケースの場合には事前に届出書を提出することができませんので、届出書を提出したサイクルから短縮の効力が生ずることとされています（消令41①）。

①　新規に開業（設立）をした日の属する期間

②　個人事業者が、相続により期間短縮をしていた被相続人の事業を承継した場合の相続があった日の属する期間

③　法人が、合併や吸収分割により期間短縮をしていた被合併法人や分割法人の事業を承継し

た場合の合併、吸収分割があった日の属する期間

　課税期間を3か月単位に短縮している事業者が、課税期間を1か月単位に変更する場合には、3か月単位の期間短縮の効力が生じた日から2年を経過する日の属する月の初日以降でなければ「課税期間特例選択・変更届出書」を提出することができません。つまり、いったん課税期間を短縮した場合には、2年間は継続適用しなければいけないということです。

　また、課税期間を1か月単位に短縮している事業者が、課税期間を3か月単位に変更する場合には、1か月単位の期間短縮の効力が生じた日から2年を経過する日の属する月の前々月の初日以降でなければ「課税期間特例選択・変更届出書」を提出することができません（消法19⑤、消令41②）。

第13号様式

消費税課税期間特例　選択／変更　届出書

収受印					
令和　年　月　日	届出者	（フリガナ）			
		納税地	（〒　　－　　　） （電話番号　　　－　　　－　　　）		
		（フリガナ）			
		氏名又は名称及び代表者氏名	印		
＿＿＿＿税務署長殿		法人番号	※ 個人の方は個人番号の記載は不要です。		

　下記のとおり、消費税法第19条第1項第3号、第3号の2、第4号又は第4号の2に規定する課税期間に短縮又は変更したいので、届出します。

事業年度	自　　月　　日　　至　　月　　日		
適用開始日又は変更日	平成令和　　年　　月　　日		

適用又は変更後の課税期間	三月ごとの期間に短縮する場合	一月ごとの期間に短縮する場合	
	月　日から　月　日まで	月　日から　月　日まで	
		月　日から　月　日まで	
		月　日から　月　日まで	
	月　日から　月　日まで	月　日から　月　日まで	
		月　日から　月　日まで	
		月　日から　月　日まで	
	月　日から　月　日まで	月　日から　月　日まで	
		月　日から　月　日まで	
		月　日から　月　日まで	
	月　日から　月　日まで	月　日から　月　日まで	
		月　日から　月　日まで	
		月　日から　月　日まで	

変更前の課税期間特例選択・変更届出書の提出日	平成令和　　年　　月　　日
変更前の課税期間特例の適用開始日	平成令和　　年　　月　　日
参考事項	
税理士署名押印	印　（電話番号　　　－　　　－　　　）

※税務署処理欄	整理番号		部門番号		番号確認	
	届出年月日	年　月　日	入力処理	年　月　日	台帳整理	年　月　日
	通信日付印	年　月　日	確認印			

注意　1．裏面の記載要領等に留意の上、記載してください。
　　　2．税務署処理欄は、記載しないでください。

3 課税期間特例選択不適用届出書

　課税期間の短縮をやめ、暦年又は事業年度単位の申告に戻そうとする場合には、「課税期間特例選択不適用届出書」を所轄税務署長に提出する必要があります。

　「課税期間特例選択不適用届出書」を提出した場合には、提出日の属するサイクルの次のサイクルから短縮の効力が失効することとなりますので、その初日から本来の課税期間の末日までの期間をワンサイクルとして消費税の確定申告をすることになります（消法19③、⑤）。

　なお、「課税期間特例選択不適用届出書」は、期間短縮の効力が生じた日から2年を経過する日の属する期間の初日以降でなければ提出することができません。

　つまり、いったん課税期間を短縮した場合には、2年間は継続適用しなければ、暦年あるいは事業年度サイクルの課税期間に戻すことはできないということです（消法19⑤）。

　ただし、廃業の場合には提出時期についての制限はありませんのでいつでも提出することができます。

具体例 個人事業者が年の中途の5月20日に「課税期間特例選択・変更届出書」を提出し、3か月単位の課税期間で申告していたが、2年後の5月25日に「課税期間特例選択不適用届出書」を提出した場合

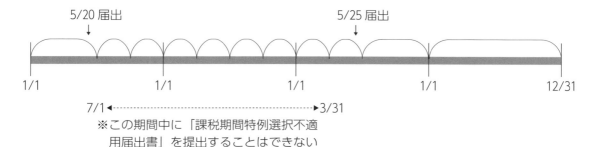

第14号様式

消費税課税期間特例選択不適用届出書

令和　年　月　日	届 出 者	（フリガナ）	
		納　税　地	（〒　　－　　　） （電話番号　　　－　　　－　　　）
		（フリガナ）	
		氏 名 又 は 名 称 及 び 代 表 者 氏 名	印
＿＿＿＿税務署長殿		法 人 番 号	※ 個人の方は個人番号の記載は不要です。

　　下記のとおり、課税期間の短縮の適用をやめたいので、消費税法第19条第3項の規定により
届出します。

事　業　年　度	自　　　月　　　　日　　　至　　　月　　　　日		
特 例 選 択 不 適 用 の　　開　　始　　日	平成 令和　　　年　　　月　　　日		

短 縮 の 適 用 を 受 け て い た 課 税 期 間	三月ごとの期間に短縮していた場合	一月ごとの期間に短縮していた場合	
		月　　日 から　　月　　日 まで	
	月　　日 から　　月　　日 まで	月　　日 から　　月　　日 まで	
		月　　日 から　　月　　日 まで	
		月　　日 から　　月　　日 まで	
	月　　日 から　　月　　日 まで	月　　日 から　　月　　日 まで	
		月　　日 から　　月　　日 まで	
		月　　日 から　　月　　日 まで	
	月　　日 から　　月　　日 まで	月　　日 から　　月　　日 まで	
		月　　日 から　　月　　日 まで	
		月　　日 から　　月　　日 まで	
	月　　日 から　　月　　日 まで	月　　日 から　　月　　日 まで	
		月　　日 から　　月　　日 まで	

選択・変更届出書の提出日	平成 令和　　　年　　　月　　　日
課 税 期 間 短 縮 ・ 変 更 の　適　用　開　始　日	平成 令和　　　年　　　月　　　日
事 業 を 廃 止 し た 場 合 の 廃 止 し た 日	平成 令和　　　年　　　月　　　日
	個 人 番 号 ※ 事業を廃止した場合には記載 　してください。	
参　　考　　事　　項	
税 理 士 署 名 押 印	印 （電話番号　　　－　　　－　　　）

※ 税 務 署 処 理 欄	整理番号		部門番号		
	届出年月日	年　　月　　日	入力処理	年　　月　　日	台帳整理　　年　　月　　日
	通信日付印 年　　月　　日	確認 印	番号 確認	身元 確認	□ 済 □ 未済	確認 書類	個人番号カード／通知カード・運転免許証 その他（　　　　　　　　　）

注意　1．裏面の記載要領等に留意の上、記載してください。
　　　2．税務署処理欄は、記載しないでください。

第2章 会計処理と控除対象外消費税

　消費税に関する会計処理には「税込方式」と「税抜方式」があり、事業者はいずれかの方法によることになります（消費税法等の施行に伴う所得税（法人税）の取扱いについて）。
　ただし、免税事業者は税込方式しか採用することができません。

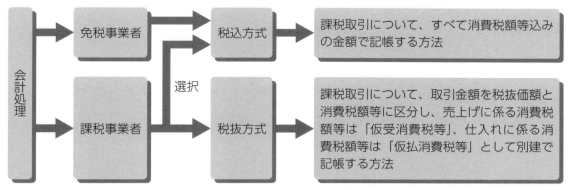

　減価償却資産につき課された消費税等については、税込方式の場合、減価償却費として毎期費用配分することとなるのに対し、税抜方式の場合には、固定資産を取得した年又は事業年度において、その消費税等の額は仮払消費税等として精算されるため、結果、一時に必要経費や損金に算入することになります。よって、税抜方式を採用した場合には、毎期の減価償却費は少なくなるものの、所得計算上は有利に作用することになるわけです。
　ただし、固定資産について発生した控除対象外消費税額等については、一時の費用処理が認められないことがあるので注意が必要です。

I　混合方式

　税抜方式を採用する場合には、課税売上高を税抜きにすることを条件に、次の①～③のグループのうち、いずれか1グループを税抜きにすれば、他のグループは税込金額で処理することが認められます（消費税法等の施行に伴う所得税（法人税）の取扱いについて3）。
① 棚卸資産
② 固定資産（繰延資産）
③ 経費等
　よって、個人事業者や中小法人が、経費についてまで税抜処理をするのが煩雑ということであれば、課税売上高を税抜きにすることにより、経費は税込金額で決算を組むこともできます。

Ⅱ 年又は事業年度の中途からの経理方法の変更

　免税事業者が、設備投資について消費税の還付を受けるため、課税期間を短縮したうえで課税事業者選択届出書を提出した場合には、年又は事業年度の中途から、免税事業者が課税事業者に切り替わります。

　たとえば、5月10日に「課税期間特例選択・変更届出書」及び「課税事業者選択届出書」を提出し、課税期間を3か月に短縮して7月1日から課税事業者となる個人事業者は、1月1日～6月30日期間中は免税事業者ですが、7月1日～9月30日課税期間以後の課税期間は課税事業者となります。

　この場合において、免税事業者の期間中は税込経理方式、課税事業者の期間中は税抜経理方式を採用することができるのかということですが、混合方式を採用した場合には、課税仕入高のグループ毎に税込金額と税抜金額が混在してもよいわけですから、年又は事業年度の上半期が税込経理で、下半期が税抜経理といったような経理処理を採用することも問題ないものと思われます（私見）。

　なお、1月1日～6月30日期間中は免税事業者となりますので、この期間中は当然に税抜経理方式の採用は認められません。

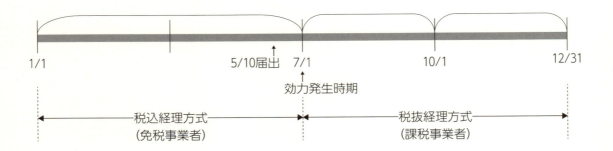

Ⅲ 控除対象外消費税の処理方法

　税抜方式を採用した場合において、控除できずに残ってしまった仮払消費税等のことを「控除対象外消費税額等」といいます。たとえば、課税売上割合が60％で、一括比例配分方式を採用した場合には、仮払消費税等のうち、控除できずに残ってしまった40％相当額が控除対象外消費税額等になります。

　また、令和2年度改正により居住用賃貸建物の仕入税額控除が制限されましたので、居住用賃貸建物に課された消費税額等は、その全額が控除対象外消費税額等となります。

　控除対象外消費税額等のうち、下記①～③に該当するものについては、支出時に費用処理することができます。

① 課税売上割合が80％以上の場合
② 個々の資産に対する控除対象外消費税額等の金額が20万円未満のもの

③　棚卸資産に関する控除対象外消費税額等

　控除対象外消費税額等について注意を要するのは、固定資産を購入した年又は事業年度における課税売上割合が80％未満で、かつ、その固定資産に係る控除対象外消費税額等が20万円以上の場合です。

　この場合には、その控除対象外消費税額等については、次のいずれかの方法により処理することとされています（所令182の2、法令139の4）。

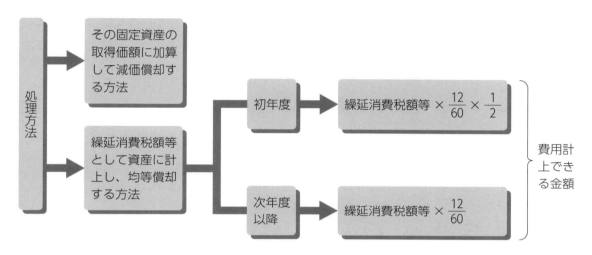

第3章 消費税の納税義務者と納税義務の判定

　課税事業者でなければ消費税の確定申告書を提出することはできません。つまり、課税事業者でなければ仕入税額控除も認められないということです。

　不動産の売買に伴う仕入税額控除の取扱いと消費税の申告義務は、納税義務の判定と非常に密接な関係にあります。本章では、消費税の納税義務者と納税義務の判定について、第1部の解説の補足として、とりわけ重要な項目を確認していきます。

納税義務の判定順序

↓

基準期間における課税売上高による判定

↓

特定期間中の課税売上高等による判定（平成23年度改正）

↓

相続・合併・会社分割等の特例による判定

↓

資本金が1,000万円以上の新設法人の特例

↓

特定新規設立法人の特例

I 開業と法人成り

1 新規開業の個人事業者

　新規に開業した個人事業者の場合、開業した年とその翌年については基準期間の課税売上高がありませんので納税義務はありません。その翌々年については、開業した年が基準期間となりますので、その課税売上高により納税義務を判定することになります。

　個人事業者の場合、基準期間の中途で新たに事業を開始したような場合であっても、その基準期間中の課税売上高を年換算する必要はありません（消基通1－4－9）。

たとえば、前々年の8月10日に開業した個人事業者について、当年分の納税義務判定を考えてみましょう。基準期間である前々年の課税売上高が500万円の場合、これは8月から12月までの5か月分の売上実績ですが、これを年換算する必要はないということです。

基準期間中の課税売上高が1,000万円以下なわけですから、当年中の納税義務は免除されることになります。

（注） 特定期間（前年1/1～6/30）中の課税売上高と給与等の支払額のいずれもが1,000万円を超える場合には、当年の納税義務は免除されません。

2　新設の法人

新設法人の場合、設立事業年度とその翌事業年度については基準期間がありませんので納税義務もありません。設立3期目については、設立事業年度が基準期間となりますので、その課税売上高を年換算した金額で納税義務を判定することになります。

たとえば、前々年の8月10日に設立した12月決算法人の設立3期目の納税義務判定は次のようになります。

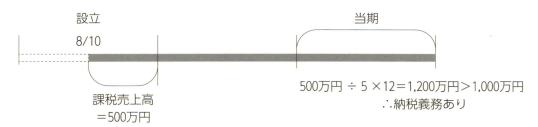

（注） 特定期間（前期の上半期）中の課税売上高と給与等の支払額のいずれもが1,000万円を超える場合には、設立事業年度（基準期間）の課税売上高を年換算した金額が1,000万円以下であっても当期の納税義務は免除されません。

3　法人成り

個人事業者が法人を設立し、その事業を法人に引き継がせることを法人成りといいます。法人成りをした場合であっても、事業そのものは継続するわけですが、法律上は個人事業を廃業し、新たに法人として事業を開始するものですので、新設された法人の納税義務の判定にあたっては、個人事業者の時代の課税売上高は考慮する必要はありません（消基通1－4－6（注））。

なお、個人事業者が廃業した場合には、所轄税務署長に「事業廃止届出書」を提出する必要があります（消法57①三）。

Ⅱ 特定期間中の課税売上高による納税義務の判定（平成23年度改正）

1 制度の内容

　基準期間における課税売上高が1,000万円以下の事業者であっても、特定期間における課税売上高が1,000万円を超える場合には、その年又はその事業年度における納税義務は免除されません（消法9の2①）。

　ただし、課税売上高に代えて特定期間中の給与等の支払額により判定することも認められています（消法9の2③）。

　特定期間中の給与等の金額には、給与、賞与等の他、当然に役員報酬も含まれますが、所得税が非課税となる通勤手当や旅費等は含まれません。また、未払給与も含める必要はありません（消基通1－5－23）。

　特定期間とは、個人事業者は前年1月1日～6月30日、法人は原則として直前期の上半期です。

　たとえば、個人事業者の納税義務判定は下記のようになります。

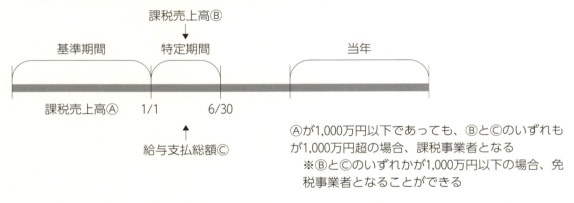

Ⓐが1,000万円以下であっても、ⒷとⒸのいずれもが1,000万円超の場合、課税事業者となる
※ⒷとⒸのいずれかが1,000万円以下の場合、免税事業者となることができる

2 法人の特定期間（消法9の2④、消令20の5・20の6）

1 ◆ 月の中途で設立した法人の取扱い

　月末決算法人において、前事業年度開始の日以後6か月の期間の末日が月末でない場合には、月の中途で仮決算を組まなければいけないこととなり、納税義務の判定が非常に煩雑となってしまいます。そこで、月末決算法人で、前事業年度開始の日以後6か月の期間の末日が月末でない場合には、その6か月の期間の末日の属する月の前月末日までの期間を「6か月の期間」とみなし、納税義務判定をすることとされています（消令20の6①一）。

　たとえば、下図のように前事業年度が1月10日～12月31日のケースでは、6か月の期間の末日（7月9日）の属する月が7月となり、その前月末日である6月30日までの期間が「特定期間」とみなされます。結果、特定期間である1月10日～6月30日期間中の課税売上高と給与等の支払額のいずれもが1,000万円を超える場合には、設立2期目であっても課税事業者とな

るのです。

■ 1月10日に設立した12月決算法人の特定期間

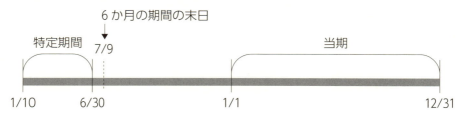

2 ◆ 月の中途が決算日の法人を設立した場合の取扱い

　請求書の締め日などの関係で、月の中途に決算日を設定しているケースがあります。このような法人において、前事業年度開始の日以後 6 か月の期間の末日が事業年度の終了応当日でない場合には、納税義務を判定するために、締め日以降の売掛金を集計しなければなりません。

　そこで、月の中途に決算日を設定している法人を設立した場合で、前事業年度開始の日以後 6 か月の期間の末日が事業年度の終了応当日でない場合には、その 6 か月の期間の末日の直前の終了応当日までの期間を「 6 か月の期間」とみなし、納税義務判定をすることとされています（消令20の 6 ①二）。

　たとえば、下図のように 1 月10日に12月20日決算法人を設立した場合には、 6 か月の期間の末日（ 7 月 9 日）の直前の終了応当日である 6 月20日までの期間が「特定期間」とみなされます。結果、特定期間である 1 月10日〜 6 月20日期間中の課税売上高と給与等の支払額のいずれもが1,000万円を超える場合には、設立 2 期目であっても課税事業者となるのです。

■ 1月10日に設立した12月20日決算法人の特定期間

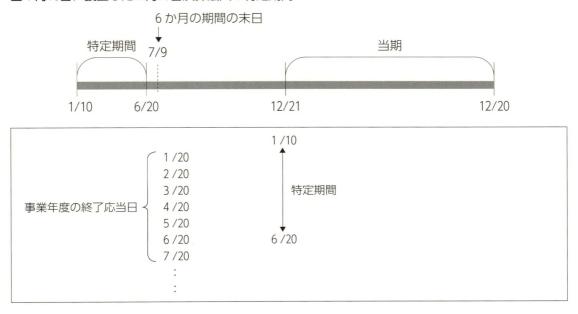

3 ◆ 設立事業年度が7か月以下の場合

　直前期の月数が7か月以下の事業者は、原則として平成23年度改正法の適用除外とされています。したがって、資本金1,000万円未満の新設法人については、設立事業年度の月数を7か月以下にしておくことにより、従来どおり設立事業年度とその翌事業年度の納税義務は免除されることになります。

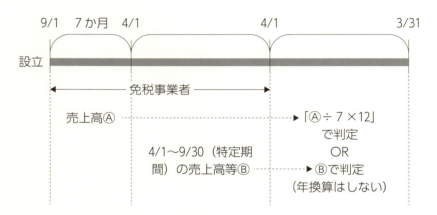

■課税事業者の選択と平成23年度改正法の関係

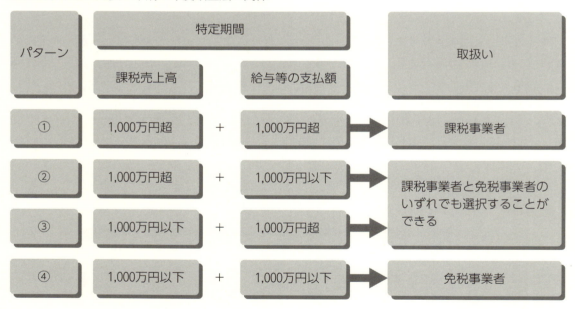

　パターン①で課税事業者となる場合とパターン②～③のケースで課税事業者を選択する場合には、第3－(2)号様式（消費税課税事業者届出書 特定期間用）を速やかに納税地の所轄税務署長に提出する必要があります（消法57①一）。

　ただし、「課税事業者選択届出書」のように提出期限が定められたものではありません。

第３−(1)号様式

基準期間用

消 費 税 課 税 事 業 者 届 出 書

収受印			
令和　　年　　月　　日	届 出 者	（フリガナ） 納　税　地	（〒　　　−　　　　） （電話番号　　　　−　　　−　　　　）
		（フリガナ） 住所又は居所 （法人の場合） 本 店 又 は 主たる事務所 の 所 在 地	（〒　　　−　　　　） （電話番号　　　　−　　　−　　　　）
		（フリガナ） 名称（屋号）	
		個 人 番 号 又 は 法 人 番 号	↓ 個人番号の記載に当たっては、左端を空欄とし、ここから記載してください。
		（フリガナ） 氏　名 （法人の場合） 代 表 者 氏 名	印
税務署長殿		（フリガナ） （法人の場合） 代表者住所	（電話番号　　　　−　　　−　　　　）

　　下記のとおり、基準期間における課税売上高が1,000万円を超えることとなったので、消費税法
第57条第１項第１号の規定により届出します。

適用開始課税期間	自　平成 　　令和　　　年　　月　　日　　至　平成 　　　　　　　　　　　　　　　　　　　　令和　　　年　　月　　日		
上 記 期 間 の	自　平成 　　令和　　　年　　月　　日	左記期間の 総 売 上 高	円
基 準 期 間	至　平成 　　令和　　　年　　月　　日	左記期間の 課税売上高	円

事業内容等	生年月日（個人）又は設立年月日（法人）	1明治・2大正・3昭和・4平成・5令和 　　　年　　月　　日	法人のみ記載	事 業 年 度	自　　月　　日 至　　月　　日
				資 本 金	円
	事 業 内 容			届出区分	相続・合併・分割等・その他

参考事項		税理士 署　名 押　印	印 （電話番号　　　　−　　　−　　　　）

※税務署処理欄	整理番号		部門番号			
	届出年月日	年　　月　　日	入力処理	年　　月　　日	台帳整理	年　　月　　日
	番号確認		身元確認	□ 済 □ 未済	確認書類	個人番号カード／通知カード・運転免許証 その他（　　　　　　　　　　　）

注意　1．裏面の記載要領等に留意の上、記載してください。
　　　2．税務署処理欄は、記載しないでください。

Ⅱ　特定期間中の課税売上高による納税義務の判定（平成23年度改正）

第３−⑵号様式

特定期間用

消費税課税事業者届出書

収受印		（フリガナ）	
令和　年　月　日	届出者	納税地	（〒　−　） （電話番号　　−　−　　）
		（フリガナ）	
		住所又は居所 （法人の場合） 本店又は主たる事務所の所在地	（〒　−　） （電話番号　　−　−　　）
		（フリガナ）	
		名称（屋号）	
		個人番号 又は 法人番号	↓ 個人番号の記載に当たっては、左端を空欄とし、ここから記載してください。
		（フリガナ）	
		氏名 （法人の場合） 代表者氏名	印
_____税務署長殿		（フリガナ） （法人の場合） 代表者住所	（電話番号　　−　−　　）

　下記のとおり、特定期間における課税売上高が1,000万円を超えることとなったので、消費税法第57条第１項第１号の規定により届出します。

適用開始課税期間	自　平成・令和　　年　月　日　　至　平成・令和　　年　月　日		
上記期間の 特定期間	自　平成・令和　　年　月　日	左記期間の総売上高	円
		左記期間の課税売上高	円
	至　平成・令和　　年　月　日	左記期間の給与等支払額	円

事業内容等	生年月日（個人）又は設立年月日(法人)	1明治・2大正・3昭和・4平成・5令和 　年　　月　　日	法人のみ記載	事業年度	自　月　日　至　月　日
				資本金	円
	事業内容				

参考事項		税理士署名押印	印 （電話番号　　−　−　　）

※税務署処理欄	整理番号		部門番号			
	届出年月日	年　月　日	入力処理	年　月　日	台帳整理	年　月　日
	番号確認	身元確認	□ 済 □ 未済	確認書類	個人番号カード／通知カード・運転免許証 その他（　　　）	

注意　１．裏面の記載要領等に留意の上、記載してください。
　　　２．税務署処理欄は、記載しないでください。

第5号様式

消費税の納税義務者でなくなった旨の届出書

<table>
<tr>
<td rowspan="4" colspan="2">収受印

令和　　年　　月　　日

_____税務署長殿</td>
<td rowspan="4">届

出

者</td>
<td>（フリガナ）</td>
<td></td>
</tr>
<tr>
<td rowspan="2">納　税　地</td>
<td>（〒　　－　　　）</td>
</tr>
<tr>
<td>（電話番号　　　－　　　－　　　）</td>
</tr>
<tr>
<td>（フリガナ）</td>
<td></td>
</tr>
<tr>
<td colspan="2"></td>
<td>氏 名 又 は
名 称 及 び
代 表 者 氏 名</td>
<td>　　　　　　　　　　　　　　　　　　　印</td>
</tr>
<tr>
<td colspan="2"></td>
<td>個 人 番 号
又 は
法 人 番 号</td>
<td>↓ 個人番号の記載に当たっては、左端を空欄とし、ここから記載してください。</td>
</tr>
</table>

　　下記のとおり、納税義務がなくなりましたので、消費税法第57条第1項第2号の規定により届出します。

<table>
<tr>
<td>①</td>
<td>この届出の適用
開始課税期間</td>
<td>自 平成
　　令和</td>
<td>年</td>
<td>月</td>
<td>日</td>
<td>至 平成
　　令和</td>
<td>年</td>
<td>月</td>
<td>日</td>
</tr>
<tr>
<td>②</td>
<td>①の基準期間</td>
<td>自 平成
　　令和</td>
<td>年</td>
<td>月</td>
<td>日</td>
<td>至 平成
　　令和</td>
<td>年</td>
<td>月</td>
<td>日</td>
</tr>
<tr>
<td>③</td>
<td>②の課税売上高</td>
<td colspan="8">　　　　　　　　　　　　　　　　　　　　　　　　円</td>
</tr>
</table>

※1　この届出書を提出した場合であっても、特定期間（原則として、①の課税期間の前年の1月1日（法人の場合は前事業年度開始の日）から6か月間）の課税売上高が1千万円を超える場合には、①の課税期間の納税義務は免除されないこととなります。
　2　高額特定資産の仕入れ等を行った場合に、消費税法第12条の4第1項の適用がある課税期間については、当該課税期間の基準期間の課税売上高が1千万円以下となった場合であっても、その課税期間の納税義務は免除されないこととなります。
（詳しくは、裏面をご覧ください。）

<table>
<tr>
<td>納 税 義 務 者
と な っ た 日</td>
<td>平成
令和　　　　　年　　　　月　　　　日</td>
</tr>
<tr>
<td>参　　考　　事　　項</td>
<td></td>
</tr>
<tr>
<td>税 理 士 署 名 押 印</td>
<td>　　　　　　　　　　　　　　　　　　　　印
（電話番号　　　－　　　－　　　）</td>
</tr>
</table>

<table>
<tr>
<td rowspan="4">※
税
務
署
処
理
欄</td>
<td>整理番号</td>
<td></td>
<td colspan="2">部門番号</td>
<td></td>
<td></td>
</tr>
<tr>
<td>届出年月日</td>
<td>年　　月　　日</td>
<td colspan="2">入力処理</td>
<td>年　　月　　日</td>
<td>台帳整理　年　　月　　日</td>
</tr>
<tr>
<td>番号
確認</td>
<td></td>
<td>身元
確認</td>
<td>□ 済
□ 未済</td>
<td>確認
書類</td>
<td>個人番号カード／通知カード・運転免許証
その他（　　　　　　　　）</td>
</tr>
</table>

注意　1．裏面の記載要領等に留意の上、記載してください。
　　　2．税務署処理欄は、記載しないでください。

Ⅲ 相続があった場合の納税義務の免除の特例

1 相続があった年の取扱い

　相続のあった年においては、被相続人の基準期間における課税売上高が1,000万円を超える場合には、相続のあった日の翌日から年末までの期間については、相続人は課税事業者となります（消法10①）。

　相続のあった年においては、被相続人の基準期間中の課税売上高だけで納税義務を判定することとされており、相続人の基準期間における課税売上高は合算する必要はありません。また、相続人の基準期間における課税売上高が1,000万円を超えていれば、特例判定をするまでもなく、相続人は当然に課税事業者となります。

　したがって、相続人が事業を営んでいる場合には、被相続人の基準期間中の課税売上高が1,000万円を超えることにより、いままで納税義務がなかったその相続人の売上げについても、相続があった日の翌日以降は納税義務が生ずることになります。

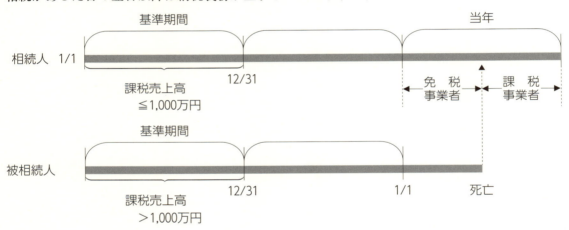

2 相続があった年の翌年及び翌々年の取扱い

　相続のあった年の翌年及び翌々年については、相続人が事業を営んでいる場合には、相続人と被相続人の基準期間の課税売上高の合計額が1,000万円を超えると、相続人は課税事業者になります（消法10②）。

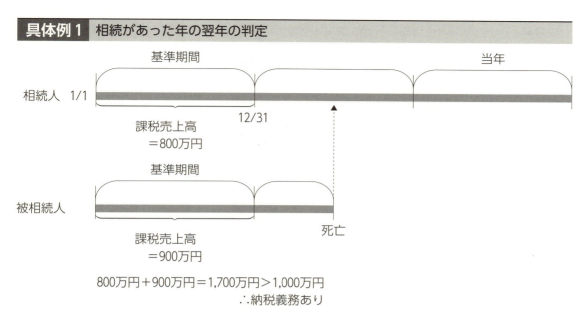

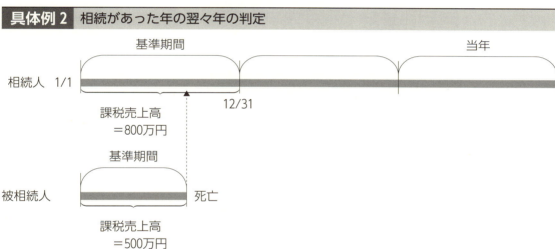

3 分割承継

　分割承継があった場合には、相続人の納税義務判定に用いる被相続人の基準期間における課税売上高は、それぞれの相続人が承継した事業場に係る部分の金額だけ考慮すればよいこととされています（消令21）。

| 具体例 | 被相続人がＡ・Ｂ２棟の貸店舗を所有しており、Ａ店舗の年間賃貸料収入が600万円、Ｂ店舗の年間賃貸料収入が800万円程度で推移している場合について検討します。
　なお、相続人は長男と次男の２人であり、いずれも給与所得者です。 |

ケース1　長男が、AとBのどちらの物件も承継するケース
　被相続人の基準期間における課税売上高は1,000万円を超える（600万円＋800万円＝1,400万円）こととなるため、長男は相続のあった年から課税事業者となります。
ケース2　A物件を長男、B物件を次男が分割して承継するケース
　長男の納税義務判定に用いる被相続人の基準期間における課税売上高は1,000万円以下（600万円）となり、長男の納税義務は免除されます。また、次男の納税義務判定に用いる被相続人の基準期間における課税売上高も1,000万円以下（800万円）となることから、次男の納税義務も免除されることになります。

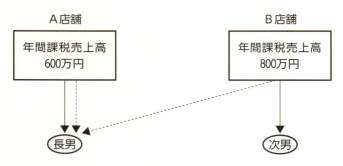

4　共有相続

　共有相続については、分割承継のように相続人が事業場ごとに分割して事業を承継するものではないことから、消費税法施行令21条の規定は適用されないと考えることもできそうです。しかし、共有で賃貸物件を相続するということは、その実態は分割承継と何ら異なるものではありません。こういった理由から、共有により賃貸物件を相続したような場合には、その持分割合に応じて被相続人の課税売上高を算定し、相続人の納税義務判定をすることが認められているようです。

具体例　年間の賃貸料が1,600万円程度で推移している商業用賃貸物件を、給与所得者である相続人甲と乙が持分2分の1で共有で相続した場合について検討します。

　この場合、被相続人の基準期間中の課税売上高は1,000万円を超えるものの、各相続人の持分割合で按分すると、課税売上高は1,000万円以下（1,600万円×1／2＝800万円）となります。
　よって、甲乙共に納税義務は免除されることになります。

5　財産が未分割の場合

　相続があった場合には、財産分与で相続人同士の話し合いがつかず、結果、裁判にもつれ込むようなことも決して珍しくありません。相続財産が未分割の場合には、財産の分割が実行されるまでの間は各相続人が共同して被相続人の事業を承継したものとして取り扱うこととされており、判定に用いる被相続人の基準期間における課税売上高は、各相続人の法定相続分に応

じた割合を乗じた金額により計算することになります（消基通1－5－5）。

　たとえば、相続人が妻と子供2人の場合、法定相続分は、妻が1/2、子供が各々1/4となるので、被相続人の基準期間における課税売上高にこれらの法定相続分を乗じた金額が免税点を超える場合には、相続人は相続があった日の翌日から年末までの期間について、納税義務を負うことになるのです。

具体例　被相続人が死亡し、基準期間である前々年の課税売上高（税抜）が3,200万円の場合には、妻は相続のあった日の翌日から年末までの期間について課税事業者となりますが、2人の子供については、判定に用いる金額が1,000万円以下となるので免税事業者となることができます。

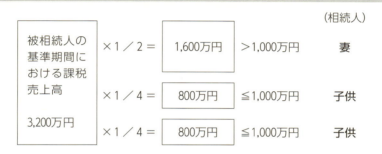

6　遺産分割が確定した場合

　年の中途において遺産分割が確定した場合には、民法909条（遺産の分割の効力）の規定に基づき、遺産の分割は相続開始の時にさかのぼってその効力を生ずることとされています。

　こういった理由から、被相続人の事業を承継する相続人の納税義務判定についても、相続のあった日においてその事業を承継したものとして取り扱うこととされていた時期もあったようですが、消費税は税の転嫁を予定して立法されているものであり、その年の納税義務の有無については、「その年の前年12月31日の現況に基づいて判定すべきである」という考え方が、現在の指針となっています。

　東京国税局の文書回答（平成24年9月18日）及び大阪国税局の文書回答（平成27年3月24日）によれば、賃貸物件などの遺産が未分割である限り、遺産分割が確定した年以前の納税義務は、上記 5 のように法定相続分割合で判定してよいこととされています。

■納税義務判定に用いる被相続人の課税売上高

判定する年 分割確定時期	相続のあった年	相続のあった年の翌年	相続のあった年の翌々年
相続のあった年において分割が確定した場合	法定相続分割合により計算した金額	承継した事業に係る被相続人の課税売上高	承継した事業に係る被相続人の課税売上高
相続のあった年の翌年において分割が確定した場合	法定相続分割合により計算した金額	法定相続分割合により計算した金額	承継した事業に係る被相続人の課税売上高
相続のあった年の翌々年において分割が確定した場合	法定相続分割合により計算した金額	法定相続分割合により計算した金額	法定相続分割合により計算した金額

　なお、法定相続分に応じて判定したことにより免税事業者となった相続人が、遺産分割が確定したことにより、結果として事業の全部を承継したとしても、その事実により、相続人の当初の納税義務判定が覆ることはありません。

7　生前の事業承継

　生前の事業承継については、納税義務免除の特例規定は一切適用されません。

　したがって、課税事業者が生前に事業専従者である子供などに事業を承継させる場合には、その事業承継者の基準期間における課税売上高が1,000万円以下である限り、事業承継後については納税義務が免除されることになります。

Ⅳ　合併があった場合の納税義務の免除の特例

　「吸収合併」とは、合併により存続する企業（合併法人）が、合併により消滅する企業（被合併法人）のすべての権利や義務を吸収するような形態の合併をいいます。これに対し、「新設合併」とは、合併により新しい企業（合併法人）を新設し、元の複数の企業（被合併法人）はいずれも消滅するような形態の合併をいいます。

　新設合併は、新しい会社を設立するために、吸収合併よりも多くの手続が必要になります。たとえば、事業のための許認可や証券市場への上場準備などの手続をしなければならないことから、実務上は合併の多くは吸収合併で行われ、新設合併での組織再編はほとんどみられないようです。

　ちなみに、吸収合併によった場合でも、合併法人は社名を変更することができます。たとえば、A社（合併存続法人）とB社（被合併法人）が合併した後に、社名をAB社と変更することや、被合併法人の社名であったB社とすることも可能です。こういった理由もあり、使い勝手の悪い新設合併は、実務上、敬遠されているようです。

1　吸収合併があった場合の納税義務の判定

　吸収合併があった場合の合併存続法人の納税義務は次のように判定します（消法11①②、消令22①②）。

194　第3章　消費税の納税義務者と納税義務の判定

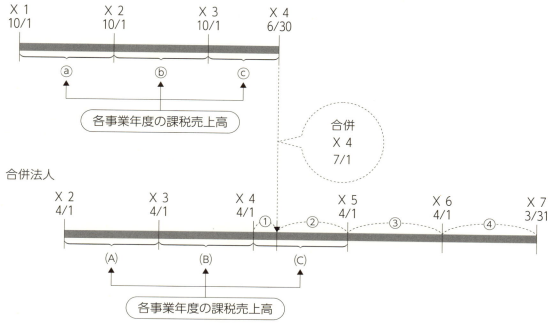

①の期間については、(A)が1,000万円を超える場合には納税義務は免除されない。

②の期間については、(A)が1,000万円以下であっても、「ⓐ×$\frac{12}{12}$」が1,000万円を超える場合には、納税義務は免除されない。

③の期間については、(B)が1,000万円以下であっても、「(B)+ⓑ×$\frac{12}{12}$」が1,000万円を超える場合には、納税義務は免除されない。

④の期間については、(C)が1,000万円以下であっても、「(C)+ⓒ×$\frac{12}{9}×\frac{3}{12}$」が1,000万円を超える場合には、納税義務は免除されない。

2 新設合併があった場合の納税義務の判定

新設合併があった場合の合併新設法人の納税義務は次のように判定します（消法11③④、消令22③④⑥一）。

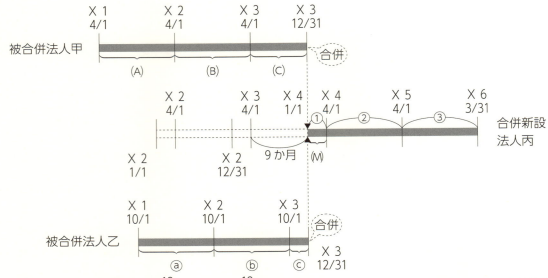

①の期間については、「(A)×$\frac{12}{12}$」と、「ⓐ×$\frac{12}{12}$」のいずれかが1,000万円を超える場合には、納税義務は免除されない。

②の期間については、「(B)×$\frac{12}{12}$＋ⓐ×$\frac{12}{12}$」が1,000万円を超える場合には、納税義務は免除されない。

③の期間については、「(M)×$\frac{12}{3}$」が1,000万円以下であっても、「(M)＋(C)×$\frac{9}{9}$＋(ⓑ＋(C))×$\frac{9}{12＋3}$」が1,000万円を超える場合には、納税義務は免除されない。

V 会社分割等があった場合の納税義務の免除の特例

1 新設分割等があった場合の納税義務の判定

新設分割等があった場合の新設分割親（子）法人の納税義務は次のように判定します（消法12①〜④、消令23①〜⑤）。

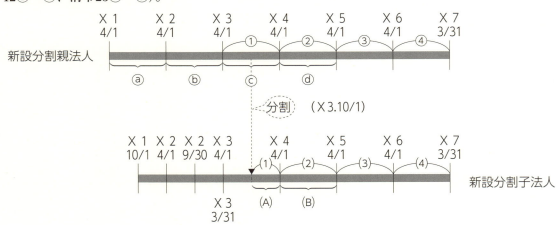

【新設分割子法人の判定】

(1)の期間については、「ⓐ×$\frac{12}{12}$」が1,000万円を超える場合には、納税義務は免除されない。

(2)の期間については、「ⓑ×$\frac{12}{12}$」が1,000万円を超える場合には、納税義務は免除されない。

(3)の期間については、「(A)×$\frac{12}{6}$」が1,000万円以下であっても、「(A)×$\frac{12}{6}$×$\frac{6}{12}$+ⓒ×$\frac{12}{12}$」が1,000万円を超える場合には、納税義務は免除されない。

(4)の期間については、(B)が1,000万円以下であっても、「(B)×$\frac{12}{12}$+ⓓ×$\frac{12}{12}$」が1,000万円を超える場合には、納税義務は免除されない。

【新設分割親法人の判定】

①の期間については、ⓐにより判定する。

②の期間については、ⓑにより判定する。

③の期間については、ⓒが1,000万円以下であっても、「ⓒ+(A)×$\frac{12}{6}$×$\frac{6}{12}$」が1,000万円を超える場合には、納税義務は免除されない。

④の期間については、ⓓが1,000万円以下であっても、「ⓓ+(B)×$\frac{12}{12}$」が1,000万円を超える場合には、納税義務は免除されない。

2 吸収分割があった場合の納税義務の判定

吸収分割があった場合の分割承継法人の納税義務は次のように判定します（消法12⑤、消令23⑥）。

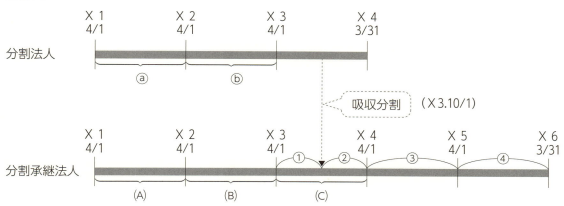

【分割承継法人の判定】

①の期間については、(A)が1,000万円を超える場合には、納税義務は免除されない。

②の期間については、(A)が1,000万円以下であっても、「ⓐ×$\frac{12}{12}$」が1,000万円を超える場合には、納税義務は免除されない。

③の期間については、(B)が1,000万円以下であっても、「ⓑ×$\frac{12}{12}$」が1,000万円を超える場合には、納税義務は免除されない。

④の期間については、(C)により判定する。

相続・合併・会社分割等の特例により課税事業者となった相続人や合併法人、分割承継法人は、「課税事業者届出書」とともに「相続・合併・分割等があったことにより課税事業者となる場合の付表」を納税地の所轄税務署長に提出することとされています（消法57①一）。

第4号様式

相続・合併・分割等があったことにより課税事業者となる場合の付表

届出者	納税地	
	氏名又は名称	印

① 相続の場合（分割相続　有・無）

被相続人の	納税地	所轄署（　　　　）
	氏名	
	事業内容	

② 合併の場合（設立合併・吸収合併）

ⅰ 被合併法人の	納税地	所轄署（　　　　）
	名称	
	事業内容	
ⅱ 被合併法人の	納税地	所轄署（　　　　）
	名称	
	事業内容	

③ 分割等の場合（新設分割・現物出資・事後設立・吸収分割）

ⅰ 分割親法人の	納税地	所轄署（　　　　）
	名称	
	事業内容	
ⅱ 分割親法人の	納税地	所轄署（　　　　）
	名称	
	事業内容	

基準期間の課税売上高

課税事業者となる課税期間の基準期間	自 平成・令和　　年　月　日　至 平成・令和　　年　月　日	
上記期間の	① 相続人 ② 合併法人　の課税売上高 ③ 分割子法人	円
	① 被相続人 ② 被合併法人　の課税売上高 ③ 分割親法人	円
	合　　計	円

注意　1.　相続により事業場ごとに分割承継した場合は、自己の相続した事業場に係る部分の被相続人の課税売上高を記入してください。
　　　2.　①、②及び③のかっこ書については該当する項目に〇を付します。
　　　3.　「分割親法人」とは、分割等を行った法人をいい、「分割子法人」とは、新設分割、現物出資又は事後設立により設立された法人若しくは吸収分割により営業を承継した法人をいいます。
　　　4.　元号は、該当する箇所に〇を付します。

VI 新設法人の特例

1 制度の内容

　期首の資本金が1,000万円以上の新設法人は、基準期間のない事業年度については無条件に課税事業者となります（消法12の2①）。

　ただし、専ら非課税取引を行うことを目的とした社会福祉法人には、この制度は適用されません（消令25①）。

　この特例の適用対象となる新設法人は、所轄税務署長に「消費税の新設法人に該当する旨の届出書」を提出する必要がありますが、「法人設立届出書」に「消費税の新設法人に該当することとなった事業年度開始の日」を記載すれば、「消費税の新設法人に該当する旨の届出書」は提出しなくてよいこととされています（消法57②、消基通1-5-20）。

2 期中に増資を行った場合にはどうなるか？

　資本金300万円で法人を設立し、設立事業年度中に増資をして資本金を1,000万円にした場合には、設立事業年度については免税事業者となりますが、翌事業年度については期首の資本金が1,000万円以上の基準期間のない新設法人に該当しますので、免税事業者になることはできません（消基通1-5-15）。

具体例 設立事業年度中に増資を行った場合

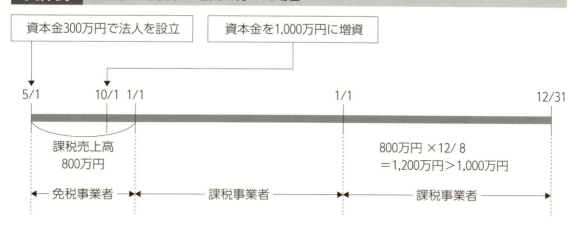

3 期中に減資を行った場合にはどうなるか？

　資本金1,000万円で法人を設立し、設立事業年度中に減資をして資本金を300万円にした場合には、設立事業年度については課税事業者となりますが、翌事業年度については期首の資本金が1,000万円未満の基準期間のない新設の法人に該当しますので、免税事業者になることができます。

（注）　第2期は、特定期間（5／1～10／31）中の課税売上高が明らかに1,000万円以下であり、免税事業者

となります。

具体例 設立事業年度中に減資を行った場合

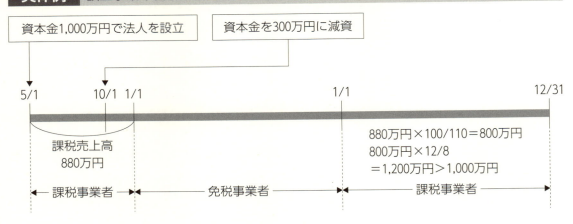

	資本金が1,000万円未満の新規設立法人が、設立事業年度中に増資をし、資本金を1,000万円以上にした場合	資本金が1,000万円以上の新設法人が、設立事業年度中に減資をし、資本金を1,000万円未満にした場合
設立事業年度	免税事業者となる	課税事業者となる
	「消費税の新設法人に該当する旨の届出書」を速やかに提出する（届出書の「消費税の新設法人に該当することとなった事業年度開始の日」には設立2期目を記載する）。	「法人設立届出書」の「消費税の新設法人に該当することとなった事業年度開始の日」に設立年月日を記載して提出すれば、「消費税の新設法人に該当する旨の届出書」を提出する必要はない。
設立2期目	課税事業者となる	免税事業者となる
		「消費税の納税義務者でなくなった旨の届出書」を提出する必要はない。
設立3期目	基準期間（設立事業年度）における課税売上高が1,000万円を超える場合には、「課税事業者届出書（基準期間用）」を提出する必要がある。		
	基準期間（設立事業年度）における課税売上高が1,000万円以下の場合には、「消費税の納税義務者でなくなった旨の届出書」を提出する必要はない。		

（注） 上図は、各事業年度（課税期間）における特定期間中の課税売上高と給与等の支払額のいずれかが1,000万円以下の1年決算法人を前提としたものである。

第10－(2)号様式

消費税の新設法人に該当する旨の届出書

収受印			
令和　年　月　日 ＿＿＿＿＿税務署長殿	届 出 者	（フリガナ） 納　税　地	（〒　　－　　　） （電話番号　　　－　　　－　　　）
		（フリガナ） 本 店 又 は 主たる事務所 の 所 在 地	（〒　　－　　　） （電話番号　　　－　　　－　　　）
		（フリガナ） 名　　　称	
		法 人 番 号	
		（フリガナ） 代表者氏名	印
		（フリガナ） 代表者住所	（電話番号　　　－　　　－　　　）

　　下記のとおり、消費税法第12条の2第1項の規定による新設法人に該当することとなったので、消費税法第57条第2項の規定により届出します。

消費税の新設法人に該当することとなった事業年度開始の日	平成 令和　　　　年　　　月　　　日		
上記の日における資本金の額又は出資の金額			

事 業 内 容 等	設立年月日	平成 令和　　　年　　　月　　　日		
	事 業 年 度	自　　　月　　　日　至　　　月　　　日		
	事 業 内 容			

参　考　事　項	「消費税課税期間特例選択・変更届出書」の提出の有無【有（　・　・　）・無】
税理士署名押印	印 （電話番号　　　－　　　－　　　）

※ 税 務 署 処 理 欄	整理番号		部門番号		番号確認	
	届出年月日	年　月　日	入力処理	年　月　日	台帳整理	年　月　日

注意　1．裏面の記載要領等に留意の上、記載してください。
　　　2．税務署処理欄は、記載しないでください。

法 人 設 立 届 出 書

※ 整 理 番 号

税務署受付印		〒	
	本店又は主たる事務所の所在地		電話（　）　―
令和　年　月　日	納　税　地	〒	
	（フリガナ）		
	法　人　名		
税務署長殿	法　人　番　号		
新たに内国法人を設立したので届け出ます。	（フリガナ）		
	代 表 者 氏 名		㊞
	代 表 者 住 所	〒	
		電話（　）　―	

設 立 年 月 日	平成・令和　年　月　日	事 業 年 度	（自）　月　日（至）　月　日
設立時の資本金又は出資金の額	円	消費税の新設法人に該当することとなった事業年度開始の日	平成・令和　年　月　日

事業の目的	（定款等に記載しているもの）	支店・出張所・工場等	名　称	所　在　地
	（現に営んでいる又は営む予定のもの）			

設 立 の 形 態	1　個人企業を法人組織とした法人である場合（　　　　　　　　税務署）（整理番号：　　　　　） 2　合併により設立した法人である場合 3　新設分割により設立した法人である場合（□分割型・□分社型・□その他） 4　現物出資により設立した法人である場合 5　その他（　　　　　）

設立の形態が2～4である場合の適格区分	適　格・その他	添付書類	1　定款等の写し 2　その他 （　　　　　　　　　）
事業開始（見込み）年月日	平成・令和　年　月　日		
「給与支払事務所等の開設届出書」提出の有無	有　・　無		
関与税理士　氏　名			
事務所所在地	電話（　）　―		

税 理 士 署 名 押 印		㊞

※税務署処理欄	部門	決算期	業種番号	番号	入力	名簿	通信日付印	年　月　日	確認印

01.06 改正

（規格A4）

202　第3章　消費税の納税義務者と納税義務の判定

Ⅶ 特定新規設立法人の納税義務の免除の特例

1 制度の内容

　大規模事業者等（課税売上高が5億円を超える規模の事業者が属するグループ）が、一定要件の基、50％超の持分や議決権などを有する法人を設立した場合には、その新規設立法人の資本金が1,000万円未満であっても、基準期間がない事業年度については納税義務は免除されません。また、これらの事業年度開始日前1年以内に大規模事業者等に属する特殊関係法人が解散した場合であっても、新規設立法人は免税事業者となることはできません（消法12の3、消令25の2～25の4）。

　ただし、専ら非課税取引を行うことを目的とした社会福祉法人には、この制度は適用されません（消令25①）。

具体例1　大規模事業者等により新設された法人の取扱い

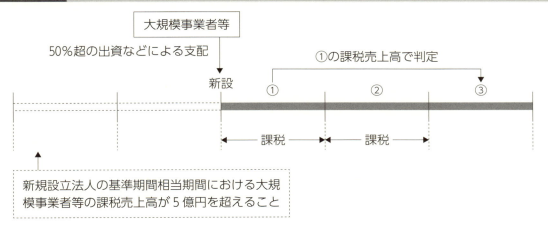

具体例2　解散法人がある場合の設立事業年度の取扱い

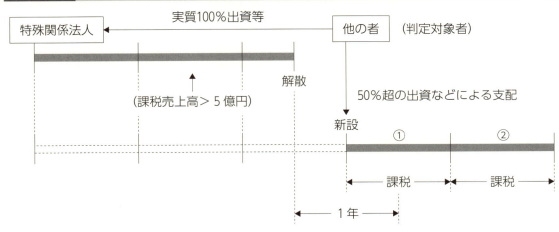

具体例3　解散法人がある場合の設立翌事業年度の取扱い

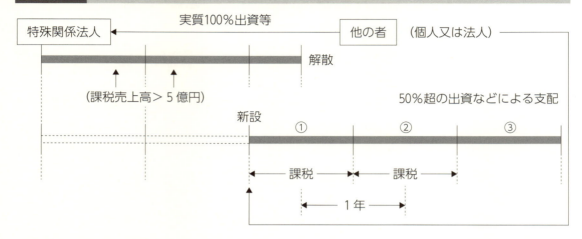

2　適用要件

次の①、②のいずれにも該当する場合に限り、新規設立法人の基準期間がない事業年度における納税義務は免除されません。

① 大規模事業者等が新規設立法人を支配していること（特定要件）
② 大規模事業者等に該当する他の者又は特殊関係法人の基準期間相当期間における課税売上高が5億円を超えること

1◆大規模事業者等による支配要件（特定要件）

新規設立法人を支配している場合とは、大規模事業者等が次の①、②、③のいずれかに該当する場合をいいます。

① 新規設立法人の発行済株式等を直接又は間接に50％超保有すること
② 新規設立法人の事業計画などに関する重要な議決権を直接又は間接に50％超保有すること
③ 合同会社、合名会社、合資会社に該当する新規設立法人の社員数の50％超を直接又は間接に占めること

2◆大規模事業者等とは

「大規模事業者等」とは、他の者と特殊関係法人の総称ですが、これは税制調査会の説明資料で用いられた用語であり、法令用語ではありません。

また、他の者（判定対象者である個人又は法人）が、直接又は間接に上記①～③の発行済株式等、議決権、株主等の数を実質的に100％保有（占有）する会社を「特殊関係法人」といいます。

3 ◆ 同意者の取扱い

上記②又は③の50％判定において、個人又は法人との間で、その個人又は法人の意志と同一内容の議決権を行使することに同意している者がある場合には、その議決権は②の議決権の数に含め、また、その者は③の株主等の数に含めて判定することとされています。

4 ◆ 情報提供義務

大規模事業者等は、新規設立法人から課税売上高が5億円を超えるかどうかの判定に関し、必要事項についての情報提供を求められた場合には、これに応じなければならないこととされています。

5 ◆ その他の注意事項

① 事業者単位で5億円の判定をします（他の者及び特殊関係法人の課税売上高を合計する必要はありません）。

② 支配要件の判定にあたっては、他の者が個人の場合には、その親族等の保有株式数なども加算します。

③ 親族等には、内縁関係者や使用人などが含まれます。

④ 新規設立法人の自己株式等は判定に含めません。

⑤ 議決権とは、会社の合併や分割、役員の専任や解任、役員報酬や賞与、利益配当などに関する議決権をいい、行使ができない議決権は判定に含めません。

3　ケーススタディ

1 ◆ 直接に支配するケース

```
┌──────────────┐
│  Ａ　　　社  │ （課税売上高＞5億円）
└──────────────┘
        │
        ↓ 50％超の出資
┌──────────────┐
│  新規設立法人  │
└──────────────┘
```

新規設立法人は課税事業者となります。

2 ◆ 特殊関係法人の課税売上高が5億円を超えるケース

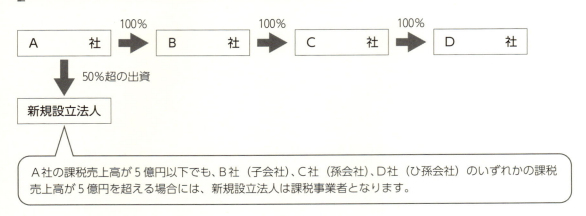

A社の課税売上高が5億円以下でも、B社（子会社）、C社（孫会社）、D社（ひ孫会社）のいずれかの課税売上高が5億円を超える場合には、新規設立法人は課税事業者となります。

3 ◆ 子会社を介在させて支配するケース

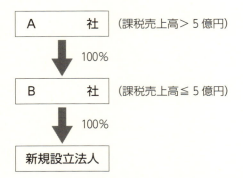

　大規模事業者（A社）が子会社（B社）を介在させて新規設立法人を支配する場合には、A社は新規設立法人の直接株主ではないため、判定対象者には該当しないことになります。

　次に、B社を「他の者」とした場合には、B社の課税売上高は5億円以下であり、また、A社はB社の特殊関係法人（他の者（B社）が直接又は間接に100％完全支配している法人）ではありません。

　結果、新規設立法人は免税事業者になることができます。

4 ◆ 間接に支配するケース

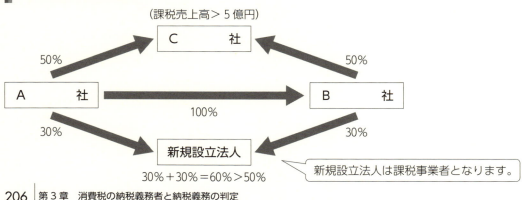

新規設立法人は課税事業者となります。

5 ◆ 個人株主が支配するケース

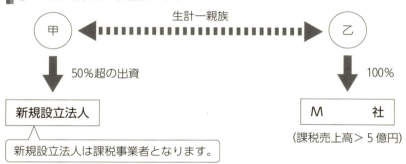

なお、上記のケースにおいて、甲と乙が別生計の場合には、新規設立法人は「特定新規設立法人」には該当しません。この場合における乙を「別生計親族等」、別生計親族等である乙が100％支配するM社を「非支配特殊関係法人」といいます。

6 ◆ 他の者（甲）が別生計親族等と共に大規模法人の株式を保有するケース

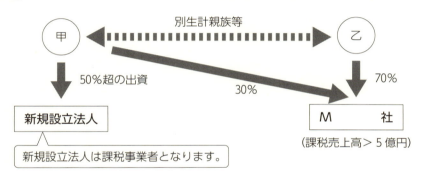

M社は、別生計親族等である乙が完全に支配している会社ではありません。
よって、M社は非支配特殊関係法人には該当しないことになります。
甲（他の者）は、その親族（乙）と共にM社を完全支配しているので、M社は特殊関係法人に該当し、新規設立法人は課税事業者となります。
M社が特殊関係法人に該当するか否かの判定は、甲（他の者）の別生計親族である乙の持株も加算することにご注意ください。

新規設立法人が特定新規設立法人に該当することとなった場合には、所轄税務署長に「消費税の特定新規設立法人に該当する旨の届出書」を提出する必要があります（消法57②）。

第10‐(3)号様式

消費税の特定新規設立法人に該当する旨の届出書

収受印				
令和　年　月　日 ＿＿＿＿＿税務署長殿	届出者	（フリガナ） 納　税　地	（〒　　－　　　） （電話番号　　　－　　　－　　　）	
		（フリガナ） 名　称　及　び 代表者氏名	 （電話番号　　　－　　　－　　　）　　　　　　印	
		法　人　番　号		

　下記のとおり、消費税法第12条の３第１項の規定による特定新規設立法人に該当することとなったので、消費税法第57条第２項の規定により届出します。

	消費税の特定新規設立法人に該当することとなった事業年度開始の日		平成 令和　　　　年　　　　月　　　　日			
事業内容等	設立年月日		平成 令和　　　年　　　月　　　日			
	事　業　年　度		自　　月　　日　　至　　月　　日			
	事　業　内　容					

特定新規設立法人の判定	イ	特定要件の判定	① 特定要件の判定の基礎となった他の者	納　税　地　等			
				氏名又は名称			
			② ①の者が直接又は間接に保有する新規設立法人の発行済株式等の数又は金額		株（円）	④ ③のうち、①の者が直接又は間接に保有する割合（②／③×100）	％
		保有割合	③ 新規設立法人の発行済株式等の総数又は総額		株（円）		
	ロ	基準期間に相当する期間の課税売上高	納　税　地　等				
			氏名又は名称				
			基準期間に相当する期間	自 平成 令和　　年　月　日 ～ 至 平成 令和　　年　月　日			
			基準期間に相当する期間の課税売上高				円

　上記イ④の割合が50％を超え、かつ、ロの基準期間に相当する期間の課税売上高が５億円を超えている場合には、特定新規設立法人に該当しますので、この届出書の提出が必要となります。

参　考　事　項	
税理士署名押印	印 （電話番号　　　－　　　－　　　）

※税務署処理欄	整理番号		部門番号		番号確認		
	届出年月日	年　月　日	入力処理	年　月　日	台帳整理	年　月　日	

注意　１．裏面の記載要領等に留意の上、記載してください。
　　　２．税務署処理欄は、記載しないでください。

208　第３章　消費税の納税義務者と納税義務の判定

著者略歴

熊王　征秀（くまおう　まさひで）
　　税理士

　昭和37年　山梨県出身
　昭和59年　学校法人大原学園に税理士科物品税法の講師として入社し、在職中に酒税法、消費税法の講座を
　　　　　　創設
　平成 4 年　同校を退職し、会計事務所勤務
　平成 6 年　税理士登録
　平成 9 年　独立開業
　現在
　　東京税理士会会員相談室委員
　　東京税理士会調査研究部委員
　　東京地方税理士会税法研究所研究員
　　日本税務会計学会委員
　　大原大学院大学教授

　＜著書＞
　・『クマオーの基礎からわかる消費税』（清文社）
　・『消費税　軽減税率・インボイス　対応マニュアル』（日本法令）
　・『10％対応 消費税の軽減税率と日本型インボイス制度』（税務研究会）
　・『消費税の還付請求手続完全ガイド』（税務研究会）
　・『すぐに役立つ　消費税の実務Ｑ＆Ａ』（税務研究会）
　・『消費税の納税義務者と仕入税額控除』（税務経理協会）
　・『消費税トラブルの傾向と対策』（ぎょうせい）
　・『クマオーの消費税トラブルバスターⅠ・Ⅱ』（ぎょうせい）
　・『タダではすまない！消費税ミス事例集』（大蔵財務協会）
　・『再確認！自分でチェックしておきたい消費税の実務』（大蔵財務協会）
　・『消費税法講義録』（中央経済社）
　・『消費税の申告実務』（中央経済社）
　・『実践消費税法』（中央経済社）
　・『消費税法ゼミナール』（中央経済社）

不動産の取得・賃貸・譲渡・承継の消費税実務

2020年9月15日　発行

著　者　　熊王　征秀 ⓒ

発行者　　小泉　定裕

発行所　　株式会社　清文社

東京都千代田区内神田１－６－６（MIF ビル）
〒101-0047　電話03（6273）7946　FAX 03（3518）0299
大阪市北区天神橋２丁目北２－６（大和南森町ビル）
〒530-0041　電話06（6135）4050　FAX 06（6135）4059
URL http://www.skattsei.co.jp/

印刷：大村印刷㈱

■著作権法により無断複写複製は禁止されています。落丁本・乱丁本はお取り替えします。
■本書の内容に関するお問い合わせは編集部までFAX（03-3518-8864）でお願いします。
■本書の追録情報等は、当社ホームページ（http://www.skattsei.co.jp/）をご覧ください。

ISBN978-4-433-71890-9